KB048363

● REC

찾다 · 만나다 · 듣다 · 쓰다

기레기를 피하는 53가지 방법

NEWS

신문과 방송을 모두 경험한 기자가 공개하는
우리가 알아야 할 언론과 뉴스의 비밀들

송승환

박영사

찾고 만나서 듣고 쓰다

'기레기'라는 말이 심심치 않게 들리는 요즘이다. 시민들은 왜 언론과 기자에 화가 나 있을까.

2016년 수습기자를 떼고 첫 부서인 법조팀에 배치 받았을 때가 아직도 생각난다. 점심시간에 순댓국집에 데려간 L 선배는 나에게 "괴물이 돼선 안 된다"고 말했다. 검찰청을 출입하다보면 검사들과 어울리게 되는데, 이들과 거리두기를 제대로 못하면 '괴물'이 된다고 경고했다. L선배가 그때 말한 괴물이 기레기였단 걸 이제야 깨닫는다.

뉴스 기사에 달린 댓글을 읽으면서 기자들은 답답해한다. 어떻게 기사가 나오는지도 모르면서 욕만 한다고 억울해 한다. 하지만 어떻게 기사가 나오는지 친절하게 설명해주려 하는 기자는 드물다.

이 책을 쓰게 된 건 이런 이유 때문이다. 시민은 언론개혁을 요구하고, 기자는 억울해 하는 상황에 다리를 놓고 싶었다. 서로 잘 알아야 제대로 논쟁하고 이해할 수 있다.

이를 위해 언론이 투명해져야 한다. 사회 모든 영역이 언론의 감시로 투명해지고 더 믿을만해졌다. 언론만 빼고. 언론은 감시 받지 않기 때문에 언론이 가장 불투명하다. 어떻게 작동하는지 알려진 게 없는데 자꾸 결과물을 내놓으면서 믿으라고만 한다. 이제 눈높이가 높아진 시민은 생산 과정을 알 수 없는 결과물은 믿지 않는다.

언론이 작동하는 방식, 기사를 만드는 과정을 시민에게 투명하게 알리려 한다. 알아야 언론에 대한 비판과 견제도 더 날카롭고 정확해질 것이고 억측도 줄어들 수 있다.

정치권과 시민단체에서 언론개혁이 필요하다고 주장한다. 그런데 무엇이 문제이고 어떻게 고치자는 내용은 빠져 있다. 처벌과 규율로 바로잡을 수 있단 위험한 발상도 자주 힘을 얻는다. 언론에 재갈을 물렸을 때 가장 이득을 보는 쪽은 어딜까. 언론을 더 투명하게 들여다보면서 언론개혁 논의가 진행되길 바란다.

책의 구성인 '찾다 – 만나다 – 듣다 – 쓰다'는 나에게 저널리즘의 '가나다'를 가르쳐 준 L선배의 취재 지론이다. 기자가 하는 일은 이 네 단계로 나눌 수 있다. 매일 기삿거리를 '찾고', 취재원을 '만나서', 중요한 정보를 '듣고', 쉽게 읽을 수 있게 '쓰는' 일이다. 그 일을 반복하는 과정에서 쌓은 경험과 원칙을 사례를 중심으로 정리했다.

기자들이 쓴 다른 책들처럼 과거 취재를 회상하는 영웅담에 그쳐선 안 된다고 생각했다. 그래서 저널리즘 기본서를 몇 권 읽고 주요 개념을 요즘 언론 환경에 적용해 생각을 정리해봤다. 이 책에서 [생각하다] 말머리가 붙은 글들이다. 이 내용은 중앙일보·JTBC 입사동기인 서효정, 이태윤, 정해성, 최수연 기자와 함께 한 공부모임 '주저스(주니어기자 저널리즘 스터디)'를 진행할 때 내가 발제했던 내용을 고쳐 쓴 것이다.

출간을 앞두고 내가 이 책을 낼 자격이 있는지 여러 번 고민했다. 더 오랜 시간 고민하고, 더 실력 있는 기자들에게 역할을 미뤄둘까 생각도 했다. 하지만 기자가 된 지 너무 오래 되지 않아 아직 시민의 입장에서 생각이 가능하고, 대단한 특종 기자보다 평범한 대다수 기자의 시각으로 이야기를 해보는 게 의미가 있을 거라고 마음을 다잡았다. 그럼에도 매일 발제와 취재도 제대로 못 하면서 저널리즘에 대해 말한다는 게 부끄럽기만 하다.

취재 윤리에 대한 생각을 글로 남기는 것에 부담감도 컸다. 취재 윤리는 시기와 상황에 따라, 보는 사람에 따라 얼마든지 기준이 달라질 수 있기 때문이다. 원고를 조금씩 오랫동안 썼는데 다 써놓고 다시 앞부분을 보니 그 사이 생각이 달라진 부분이 보인다. 다른 기자나 시민의 시각에서, 시간이 지나 나중에 읽힐 때 부끄러워질 일은 피할 수 없을 것 같다. 그래서 그땐 맞았어도 지금은 아닐 수 있다는 단서를 달아놓는다.

멀리서도 항상 사랑과 격려를 주는 가족, 책을 쓸 시간을 내어주고 응원해준 아내 경희에게 감사한 마음을 전한다. 취재 현장에서 도움을 주는 선·후배, 동료 기자들에게도 빚을 많이 졌다.

이 책을 통해 시민과 기자의 거리가 조금 더 좁혀지길 희망한다.

2021년 10월

송승환

손석희 JTBC 순회특파원 · 前 대표이사

흥미롭게 읽었다. 송승환이 말하는 53가지 방법은 늘 실천할 수 있으리란 법도 없고, 늘 통하리란 보장도 없다. 그러나 중요해 보이는 건, 그 방법들이 틀린 건 아니라는 것. 그러면 해보는 것이라고 믿는다. 한창 현장에서 뛰고 있는 기자들의 고민이 무엇인가를 들여다보게 되었고, 또한 나이 들고 무뎌져서 잊고 있었던 것들을 되새기며 배웠다.

이준웅 서울대 언론정보학과 교수

언론 불신의 시대에 성찰적 기자가 되는 일이 가능할까. 여기 한 젊은 기자의 취재, 제작, 보도 경험을 담아낸 담담한 고백록이 있다. 고백이 재현하는 장면마다 기자로서 고민의 흔적을 찾을 수 있고, 선택과 결정의 이유를 추적해 볼 수 있다. 이 책은 모름지기 기자란 그저 '쓰는 자'가 아니라, 보고 듣고, 발굴하고 확인하며, 남보다도 자신을 돌아보며 쓰는 자여야 한다는 것을 보여준다. 모든 쓰는 자에게 이 책을 권한다.

심석태 세명대 저널리즘스쿨대학원 교수 · 前 SBS 보도본부장

모든 저널리즘 판단에는 윤리적 쟁점이 관련돼 있다. 하지만 기자협회 윤리강령은 물론 소속사 윤리규범도 읽어보지 않은 기자가 많다. 체계적인 교육 없이 선배로부터 전수되는 관행에 따라 일하는 문화 때문이다.

막상 윤리강령을 읽어봐도 실제 상황에 적용하기는 쉽지 않다. 사례를 중심으로 윤리적 쟁점을 따져보는 훈련이 필요한 이유다. 그래서 누군가 실제 사례를 바탕으로 윤리 쟁점을 풀어주면 좋겠다 싶었는데, 송승환 기자가 내가 생각한 바로 그 작업을 해냈다. 저자가 6년차 기자라는 게 믿기지 않을 정도로 다양한 사례를 꼼꼼히 분석하고 현실적인 제언까지 담았다. 무엇보다 53개의 장면 하나하나가 눈을 떼기 어려울 정도로 생생하다.

일반 독자들도 언론 보도가 어떤 과정을 거치는지 들여다보는 재미를 느낄 수 있겠다. 나아가 저자의 희망처럼, 이 책이 언론 생산자와 소비자 사이의 오해를 줄이는 데도 기여할 수 있기를 기대한다.

정은령 서울대 언론정보연구소 SNU팩트체크센터장 · 언론학박사

여기, 변화하는 미디어 환경에서 기자와 언론사가 굳이 필요할까를 묻는 젊은 기자가 있다. 생각할 시간을 허용하지 않는 하루하루를 살아가면서도 저자 송승환은 끊임없이 자신의 일을 되돌아보고 고백한다.

기자에게 필요한 것은 대단하고 숭고한 원칙이 아닌 현장에서 실행할 수 있는 구체적이고 사소한 취재 윤리라고, 기레기는 개인적으로 탄생하는 것이 아니라 조직적으로 길러지는 것이라고, 무엇보다도 사회에 투명성을 요구하는 언론이 정작 그 자신은 투명하지 않다고.

저자는 그 모든 결함에도 불구하고 '아직은 언론이 필요하다'는 답에 이른다. 그 과정에서 저자가 펼쳐낸 고민과 제안은, 좋은 기자가 되기를 꿈꾸는 언론인 지망생, 언론이 달라져야 한다고 요구하는 시민들, 현장 기자들의 고뇌로부터 동떨어져있는 선배 기자들과 경영진이 모두 귀 기울여 들어야 할 값진 무엇이다.

OI | 찾다

Chapter

02 | 만나다

Chapter
05 생각하다

Chapter 01
찾다

01

서초경찰서에서 첫날밤 살인 사건이 터졌다

대형 사건은 예고 없이 찾아온다

"너는 앞으로 서초경찰서 2진 기자실에서 자면 된다."

수습 기간 나를 관리한 1진 기자 L선배는 2016년 5월 16일 밤, 전화로 첫 지시를 했다. 기자들은 서열 순서를 진(陣)으로 표현한다. 보통 지시를 하는 쪽이 1진, 받는 쪽이 2·3진이다. 중·고등학생 때의 '일진'과는 다르지만 나쁜 면만 보면 얼추 비슷하다.

기자는 언론사에 입사한 뒤 신입사원 교육을 마치면 보통 사회부에 수습기자로 배치된다. 당시 중앙일보 사회부는 사건팀(중앙일보에선 '이슈팀'이라고 부른다), 법조팀, 서울시청

팀으로 나뉘었다. 나는 검찰과 법원을 담당하는 법조팀에 먼저 배치됐다.

법조팀 L선배가 원래 나를 그날부터 경찰서에서 자게 하려던 건 아니었다. 전날 사건팀 회식 때 정장 차림으로 간 게 화근이었다. 법조팀의 출근 옷차림에 맞게 정장을 입었을 뿐인데 당시 캡(사건팀장)이 나를 보더니 한 마디 했다. "네 동기들은 거지꼴인데 너는 좋아 보인다?" 그날 밤 캡은 L선배에게 전화해서 나도 마찬가지로 경찰서에서 생활하도록 시켰다고 한다.

이런 이유로 17일 밤늦게 서초경찰서의 2진 기자실에서 짐을 풀던 중 L선배에게서 전화가 왔다.

"거기에 오늘 살인범 한 명이 잡혀 왔거든? 살해 동기가 있는 것과 없는 것 중에 뭐가 더 문제겠냐?"

갑작스런 질문에 하나를 찍었다.

"없는 쪽이요."
"왜 그렇게 생각하냐?"

"음…. 동기가 있다면 끝난 사건이지만 없다면 또 다른 범행을 했을 수도 있습니다."

"그렇게 생각한다면 살해 동기가 있었는지 없었는지, 있다면 무엇인지 알아와라."

전화를 끊고 나는 그의 지시를 가볍게 생각했다. 그때만 해도 서울 한복판에서 알려지지 않은 살인 사건이 하루에 한두 건씩은 있는 줄 알았다. (실제로 그렇진 않다.) 형사과장의 방을 기웃거렸지만 물어볼 용기도 의지도 없었다. 대충 "확인이 되지 않는다"고 보고하고 선배에게 핀잔을 몇 마디를 들었다. 그리고 2진 기자실의 냄새나는 침낭 속으로 들어가 푹 잤다.

<"여성이란 이유로…묻지마 아닌 '여혐' 살인"> 다음날 아침 한 신문의 사회면 톱기사 제목이었다. 그날부터 강남역엔 분노와 추모의 포스트잇이 붙기 시작했다. 페미니즘의 물결도 거세졌다.

서초경찰서에서의 첫날 밤, 내가 사소하게 흘려보낸 사건은 '강남역 살인 사건'이었다. 한국 사회에 한 획을 긋는 순간은 이렇게 언제 어떻게 찾아올지 모른다. 그날 밤은 앞으로

기자 생활에서 어떤 사건도 소홀히 보지 않아야겠다고 정신
을 번쩍 차리게 된 날이었다.

02

우병우 민정수석이 기자를 째려본 그날 이야기

평소와 다르게 보이는 변화를 찾아라

수습 기간을 무사히 마친 나는 사회부 법조팀 막내로 자리를 잡았다. L선배의 손아귀를 벗어나지 못한 채 서울중앙지방검찰청 기자실에서 매일 어깨를 움츠리고 지냈다. 2016년 11월 6일 일요일은 우병우 전 민정수석이 검찰에 출석하는 날이었다. 가족회사 '정강'의 돈을 횡령한 의혹 등에 대한 조사를 받기 위해서다.

여느 때와 달리 출근을 하는데 중앙지검 정문에서 방호원이 신분증을 보여 달라고 했다. 서로 아침 인사를 하는 얼굴이 익숙한 사이였지만 철저하게 가방 검사까지 했다. 주변을 보니 10명 남짓한 방호원이 분주하게 움직이고 있었다.

시민단체에서 우병우 민정수석의 소환에 맞춰 집회를 하려는 걸 막으려는 듯했다. 이미 민간인이 됐지만 우병우 전 민정수석의 권세가 아직 죽지 않았다는 걸 느낄 수 있었다.

우 전 수석을 맞이하는 검찰은 전날부터 반응이 평소와 달랐다. 주요 수사 대상을 시민들의 관심이 적은 일요일에 소환하는 것은 이례적인 일이었다. 이마저도 전날에야 갑자기 알렸다. 기자단이 공개 소환인지 묻자 "검찰은 출석 방법에는 일절 관여하지 않는다"라고 남의 일 하듯이 답했다. 보통의 피의자는 출석 시간과 장소, 방식 등을 검찰이 기자단에게 구체적으로 알린다. 당시 검찰의 수사공보준칙에 따라서도 차관급 이상 고위 공직자였던 우병우 전 수석은 수사와 보도의 공정성을 위해 공개를 할 수 있는 대상이었다.

오전 10시 포토라인에 선 우병우 전 민정수석은 한 기자에게 레이저 눈빛을 발사하면서 "검찰에서 성실히 조사 받겠다"는 형식적인 대답만 남겼다. 그가 청사 입구로 들어서자 기다리던 방호원들이 즉각 문을 닫아서 취재진이 더 이상 따라붙어 질문하지 못하게 했다. 다른 피의자가 과거 검찰에 출석할 땐 없던 일이었다. 철저하게 검찰이 검사 선배를 예우하는 방식이었다.

이런 얘기를 이날 점심 식사를 하면서 법조팀 선배들에게 말하자 칼럼으로 하나 쓰자는 제안이 나왔다. 평소와 다른 검찰의 모습을 기록으로 남겨둬야 한다는 거다. <[취재일기] 검찰의 우병우 예우…수사도 그렇게 하나>는 이렇게 쓰게 됐다. "이날 검찰의 예우를 보면서 조사실에서는 어떤 모습으로 대할지 상상해 보았다. 민정수석 자리에 있었을 때 왜 그리 조사를 머뭇거렸는지도 이해가 간다. 이런 상황에서 특별수사팀의 수사 결과를 납득할 수 있을지 의문이다." 이렇게 칼럼의 끝을 맺었는데, 조사실에서 우병우 전 민정수석에 대한 조사가 어떻게 진행됐는지는 곧 눈으로 확인할 수 있었다.

이튿날 아침 한 신문의 1면에는 팔짱을 끼고 여유롭게 창밖을 바라보는 우 전 수석과 옆에서 두 손을 가지런히 모으고 서 있는 검사의 모습이 사진으로 찍혀 있었다. 우병우 전 민정수석에 대한 황제 조사는 이렇게 발생했다. 이처럼 평소와 다른 변화가 전주곡처럼 들린다면 더 큰 일이 벌어지고 있지 않은지 의심해봐야만 한다.

03

달리던 BMW 차량의 선루프가 펑! 터졌다

방송 기사는 '그림'이다

2018년 8월 JTBC 보도국으로 소속을 바꿨다. 중앙그룹은 신문·방송 통합으로 기자를 뽑기 때문에 가능한 일이다. 신문과 방송을 오가며 둘 다 경험해볼 수 있는 것은 다른 회사와 비교할 수 없는 굉장한 장점이다. 신문 기자와 방송 기자는 완전히 다른 직업이라는 말을 자주 들었는데, 겪어보니 정말 다른 점이 많았다.

신문 기자와 방송 기자 일을 구분하는 가장 큰 질문은 "그림이 있나?"이다. 신문 기자는 사진이 없어도 글만 있는 기사를 쓸 수 있다. 하지만 방송 기자는 그림, 즉 영상이나 사진이 없으면 기사를 제작할 수 없다. 검은 화면에 목소리만 나갈 수는 없지 않은가. 그래서 신문 기자로 일을 하다가 방송으로 넘어오면 가장 신경 써야 하는 일이 그림을 챙기는 것이다.

2019년 2월, 제보 게시판을 보다가 "앞에서 달리던 BMW 차량의 선루프가 날아 왔어요"라는 제목의 글을 발견했다. 첨부된 블랙박스 영상을 보니, 정말 "펑" 소리와 함께 앞서 가던 BMW 차량의 선루프가 공중으로 떠올라 뒤따르던 차량에 부딪혀 산산조각이 났다. 운전석과 조수석에서 깜짝 놀라 "엄마야! 꺅" 소리 지르는 음성도 생생했다.

발제를 하자 팀장이 묻는 첫 마디는 역시 "그림 재밌니?"였다.

"그림 좋아요. 한번 보실래요?"

영상을 본 팀장은 "어머, 뭐 이런 일이 다 있니?"하면서 두세 번 더 돌려본 뒤 "발제하자"고 했다.

글로 적으면 기사가 안 되는 간단한 해프닝에 그치지만, 생생한 영상이 있다면 훌륭한 방송 기삿거리가 된다. 이 때문에 방송 기자는 사건·사고가 생기면 주변 차량의 블랙박스나 건물의 CCTV를 먼저 확보하려 사력을 다한다. 아무리 사실 관계 취재를 열심히 했어도 영상 없이 '앙꼬 없는 찐빵'을 보고한다면 불호령이 돌아올 게 분명하기 때문이다.

하지만 그림이 방송 뉴스의 보도 가치를 판단하는 최우선 기준이 되면 CCTV 저널리즘, 관음증 저널리즘이 돼 버린다. 요즘엔 거의 모든 곳에 차량 블랙박스, CCTV, 휴대전화 카메라가 있기 때문에 전엔 볼 수 없었던 제보 영상이 많이 들어온다. 그런데 많은 방송사가 자극적인 영상을 틀었을 때 순간적으로 시청률이 높아지는 맛에 취해서 점점 더 자극적인 영상을 틀고 싶어 한다.

2020년 8월 경기도 남양주에서 차량 인질극이 발생했다. 지나가던 차량 운전자가 범인이 칼로 피해자를 위협하는 모습이 찍힌 블랙박스 영상을 한 방송사에 제보했다. 이 방송사는 이 제보 영상을 스릴 넘치는 영화의 한 장면처럼 보도했다. 모자이크와 음성 변조 처리를 했지만 아슬아슬함이 그대로 느껴졌다.

이튿날 피해자 측에선 방송국에 강하게 항의했다. 아무리

모자이크 처리를 해도 주변 사람들이 자신인지 알아봐서 극심한 스트레스에 시달리고 있다고 했다. "이 방송 리포트가 긴박한 순간을 보여주는 것 말고는 어떤 보도 가치가 있냐"고 따져 물었다. 방송 뉴스에서 그림이 중요하지만, 저널리즘의 기본 원칙을 넘어서지 않는 선에서만 사용해야 한다는 것을 일깨워준 피해자의 한마디였다.

04

군용 침낭 중고거래 하다가 대법원까지 간 사연

'군대 이야기'와 방문자 분석의 통계학

2015년 60대 여성 유모 씨는 집안 정리를 하다가 군용 침낭을 발견했다. 내·외피가 있고 배낭 커버까지 있는 풀세트였다. 유 씨는 이게 왜 자기 집에 있는지 기억도 나지 않았다. 그는 자녀들을 불러서 이것 좀 처리하라고 시켰다.

자녀들은 인터넷 중고거래 사이트에서 이 군용품을 팔기로 했다. '짝퉁'이 아니란 걸 확인하기 위해 침낭 겉면에 표시된 '군용' 마크도 사진으로 찍어서 올렸다. 그들이 제시한 가격은 31만 원.

며칠 뒤 경찰서에서 전화가 왔다.

"유○○ 씨죠? '군복 및 군용장구 단속법'을 위반하셨습니다. 경찰서로 조사받으러 나오세요."

유 씨는 경찰서, 검찰, 법원을 다니면서 억울함을 호소했다.

"저는 이 침낭이 진짜 군용인 줄도 몰랐습니다. 제가 비싸게 팔려고 이걸 가지고 있던 것도 아니고요. 이게 우리 집에 어떻게, 왜 왔는지도 모른다고요."

하지만 세 번의 재판에서 모두 판사는 벌금 30만 원을 확정했다.

이 이야기는 2017년 4월 27일 중앙일보에서 많이 읽힌 기사 <'집에 둔 군용 침낭 팔아볼까'…대법원 'NO'>에 실린 내용이다. 어디서 들어봤을 만한 뻔한 이야기인데 카카오톡에서 수십 회가 공유됐다. 전역할 때 탄피 하나씩 숨겨서 나온 군필자들이 단체 채팅방에서 돌려보며 웃었을 것이다.

군대 이야기는 반드시 읽는 고정 독자층이 있다. 이처럼 독자층을 염두에 둬 가며 기사를 발제하면 평범한 이야기로도 높은 주목도를 끌 수 있다. 단골 독자층에게 통할지 예상하는 감각은 보통 오랜 경험에서 나오지만, 중앙일보에는 이를 도와주는 통계 시스템이 있다.

2017년부터 중앙일보는 JA(Joongang Analytics)라는 디지털 통합 시스템을 도입했다. JA에 들어가서 각 기사나 기자 이름을 검색하면 얼마나 많이 읽혔는지, 독자가 어느 플랫폼을 통해 들어왔는지, 얼마나 집중해서 오래 읽었는지 등이 통계로 나온다. (결과물을 보여주고 싶지만 보안 사항이라 공유가 어렵다) 이 수치는 기자 개인과 각 부서의 평가 근거가 되기도 한다.

초반에는 기자들의 반발이 엄청났다. 기사에 대한 평가에서 정성적인 품질을 빼놓고 '숫자 타령'이나 하고 앉아 있다고 경영진을 욕했다. 실제로 JA 시스템을 도입한 초기에는 그런 현상이 있었다. 경영진은 하루 종일 오늘 많이 읽힌 기사가 무엇인지, 전체 조회 수는 얼마나 되는지 숫자만 쳐다보고 있었다. 그러다 보니 기자들은 점점 선정적이고, 낚시성 기사를 쏟아냈다. 중앙일보의 품질이 떨어졌다는 지적이 안팎에서 나왔다.

하지만 시간이 지나면서 방문자 통계 시스템이 자리를

잡았다. 경영진도 클릭 수에 연연하는 경향이 줄었다. 통계 시스템 개발자들은 기자들의 항의를 반영해 정성적인 요소들을 측정할 수 있는 지표들을 개발했다. 기자들은 매번 자신의 기사가 어디에서 어떻게 읽혔고, 소구된 장점이 무엇이었는지 확인하면서 그 피드백을 다음 기사에 녹여냈다. 기자들의 경험과 감에 의존하던 방문자 예측을 이제 통계 시스템을 통해 눈으로 볼 수 있게 된 것이다.

05

전동킥보드 규제 풀어준 국회의원
무슨 생각인지 물어보니

국회 회의록은 진주 섞인 모래사장

2018~2020년에 관심을 갖고 취재했던 분야 중 하나가 전동킥보드다. 길을 다니다 보면 전동킥보드가 급증한 것을 한눈에 체감할 수 있고 너무나 위험해 보였기 때문이다. 게다가 곳곳에 아무렇게나 누워있는 킥보드를 보면서 기존 교통 인프라와 새 이동수단이 충돌하는 지점을 어떻게 해결해야 할지도 고민이 됐다.

2018년부터 안전 무법지대에 있는 전동킥보드가 위험하다고 기사를 써왔다. 전동킥보드는 원래 오토바이와 같은 원동기장치자전거로 분류됐다. 새 이동수단을 담을 법적 틀이 없다 보니 어울리지 않는 옷을 입혀놓은 것이다. 그러다 보니 오토바이처럼 운전면허가 필요하고, 도로로 달리고, 안전모를 써야만 했다.

하지만 현실은 전혀 달랐다. 전동킥보드는 중·고등학생부터 대학생 등 젊은 층이 주로 이용했는데 이들 대다수가 운전면허가 없었다. 전동킥보드를 타려고 헬멧을 들고 다니기도 불편하고, 업체가 대여해주자니 분실이 우려됐다. 법과 현실이 전혀 달라서 생기는 현상이었다. 사실상 법을 아무도 안 지키고, 단속도 안 하면서 사고는 늘어만 갔다. 점점 사망·중상 사고가 언론에 보도됐고, 그 피해자는 나이 어린 청년들이었다.

그런데 국회는 2020년 5월 전동킥보드에 대한 안전규제를 더 풀어주는 법을 통과시켰다. 운전면허가 없어도 되고, 만 13세 즉 중학생도 탈 수 있으며, 안전모를 안 써도 처벌을 안 하는 방향으로 바꾼 것이다. 법이 통과된 뒤부터 전동킥보드 사고는 더 늘어났다. 사망 사고도 잇따랐다. 시한폭탄을 바라보듯 불안해하는 시민들의 목소리와 국회가 규제를 완화한 게 문제라는 지적이 계속해서 언론에 보도됐다.

도대체 왜 이런 법이 통과됐는지 의문이 들었다. 법을 통과시킬 때 국회에서 의원들이 무슨 논의를 했는지 찾아봤다. 국회 회의록은 진주가 섞인 모래사장과 같다. 누구나 국회 의안정보시스템에 접속해 찾아볼 수 있지만, 너무나 방대한 대화 내용이 기록돼 있어서 살펴볼 엄두가 잘 안 난다. 하지만 그 속을 뒤져보면 귀중한 단서들이 곳곳에 숨어 있다.

국회 본회의에서 이 법안이 통과될 때 국회의원 184명 중 183명이 찬성했고 1명이 기권한 것으로 나와 있었다. 이 기권한 의원이 단서가 될 거라고 생각해서 전화해 물어봤더니 "실수로 투표에 참여를 못했다"고 했다. 진주인 줄 알았는데 꽝이었다.

국회 본회의로 법안이 넘어오기 전에 논의하는 상임위원회 회의록도 뒤져봤다. 여기에 단서가 있었다. 전동킥보드 규제를 풀어주는 법안이 올라왔는데 국회의원들은 아무런 토론도 없이 이걸 통과시켰다. 위원장이 "이의 없으십니까"하고 물어보니 의원들이 "예"라고 대답한 게 전부였다.

이 법안을 낸 의원과 이때 회의에 참석했던 의원들에게 일일이 전화해 당시 상황을 물어봤다. 국회의원들은 "실제로 안 타봐서 잘 몰랐다", "자전거랑 다른 거냐", "얼마나 빠른지 몰랐다" 등의 반응을 보였다. 잘 알지도 못하고, 찾아보지도 않고, 업계에서 4차 산업혁명을 위해 규제를 풀어줘야 한다고 하니 모두 동의한 것이다.

시민 대다수가 걱정하는 전동킥보드 규제 완화법이 이렇게 허술하게 통과된 거라고 방송을 통해 여러 차례 보도를 했다. 국회의원들의 귀에 들어가서 반성하고 고칠 때까지 반복해서 지적했다. 시민들이 분노했고 결국 국회의원들은 전동킥보드 이용에 관한 안전 규제를 다시 강화하는 방향으로 법을 고쳤다. 기사를 통해 더 바람직한 방향으로 법과 제도를 바꾸는 일, 매우 짜릿한 순간이었다.

국회는 우리 생활에 크고 작은 영향을 미치는 법을 만들고 고치는 곳이다. 많은 시민들이 국회를 욕하고, 언론도 국회의원을 비판한다. 하지만 비판에서 더 나아가서 언론은 왜 그런 일이 벌어졌는지 시민에게 쉽게 설명하고 알릴 의무가 있다.

국회 회의록은 그 과정을 보여줄 수 있는 중요한 보물창고다. 하지만 바쁘다는 핑계로 이면의 대화는 놓친 채, 겉으로 보이는 국회의원의 발언만 쫓아다니는 게 정치부 기자의 현실이다. 이제라도 국민에게 권한을 위임 받아 법을 만드는 국회의원들이 어떤 논의를 하고 있는지 샅샅이 뒤져보고 알리는 일에 더 많은 시간을 들여야만 한다.

06

"비트코인 수익, 세금 신고 안 해도 되나요?"

내가 궁금한 것부터 쓰자

2017년 중앙일보 사회부 이슈팀에 있을 때 솔직히 일보다 더 열심히 한 게 있었다. 비트코인 투자였다. 큰돈을 벌지는 못하고 소심하게 투자해서 용돈 정도를 벌었다. 운 좋게 폭락하기 전에 그만둬서 손해는 안 봤다.

2018년 초가 되자 어김없이 연말 정산 기간이 돌아왔다. '비트코인으로 번 돈도 소득으로 신고해야 하나?' 궁금해서 검색해봤더니 명확하게 알려주는 곳이 없었다. 모르면 물어봐야 하는 게 기자의 생활 습관. 국세청에 전화해 물어봤다.

(※ 아래 문답은 2018년에 한 내용이다.)

Q. 비트코인을 사고팔아서 돈을 벌었다. 소득세 신고를 해야 하나?

A. "아직은 할 필요 없다. 과세 대상인지 아닌지 법령에 정해지지 않았다."

(※ 소득세법이 개정돼 2022년 1월 1일부터는 암호화폐로 연 250만 원을 넘게 벌면 250만 원을 초과한 수익에 대해 20%의 세금을 내야 한다. 250만 원 이하면 세금을 내지 않아도 된다.)

Q. 비트코인이 화폐인지 재화인지 아직 결론이 나지 않은 것인가?

A. "맞다. 비트코인 성격이 정해져야 과세 대상인지도 정할 수 있다."

(※ 정부는 2021년 3월부터 암호화폐를 '가상자산'으로 정의했다. 가산자산의 정의는 '경제적 가치를 지닌 것으로서 전자적으로 거래 또는 이전될 수 있는 전자적 증표'이다.)

Q. 신고하지 않아도 탈세자가 되는 건 아닌가?

A. "아직은 아니다."

Q. 나중에 법령이 만들어져서 암호화폐에 세금을 물리면, 그동안 번 돈에 대해 소급해서 세금을 내야할 가능성은 없나?

A. "소급해서 과세하는 법령은 극히 드물다. 일반적인 경우 없다고 봐도 된다. 걱정 안 해도 된다."

궁금증이 해소가 됐다. 이 질문과 대답을 기사에 그대로 담았다. 모두들 궁금했던지 여러 인터넷 커뮤니티에서 공유가 되고 높은 조회 수를 기록했다.

언론사의 사건팀에선 무엇이든 발제할 수 있다. 사람들이 알고 싶은 것, 알아야 하는 것이라면 모두 기삿거리이다. 사건팀에서 발제를 할 때 여러 기준 중 하나는 '내가 궁금한 것부터 쓰기'였다. 완전히 새로운 아이템을 발제하는 것은 어렵지만, 요즘 사람들이 관심 갖는 주제 중 궁금한 부분을 찾아서 해결하기만 해도 기사가 된다.

새로 나온 서비스를 직접 먼저 써보는 것도 좋은 발제 방법이다. 2019년 전통적인 택시업계와 카카오, 타다 등 플랫폼 이동수단 기업의 영역 싸움이 큰 화제였다. 이 가운데 택시업계와 카카오가 손을 잡고 만든 서비스가 '웨이고 블루'였다. 출발지와 목적지를 입력하면 주변에 있는 웨이고 블루 택시가 자동으로 배차되는 방식인데, 승차거부가 없다는 장점이 있다고 홍보했다.

그런데 보도자료를 자세히 살펴보니 초기 운행 택시 수가 서울에 200대뿐이었다. 턱없이 부족한 수다. 게다가 웨이고 블루 택시의 운전기사는 승객 수와 상관없이 일정 시간만 일하면 정해진 월급을 받는다. 사납금을 폐지한다는 취지는 좋지만, 같은 월급을 받는다면 늦은 밤이나 새벽에 나올 이유가 없다.

그럼 늦은 밤 웨이고 블루를 불러도 소용이 없겠네? 금요일 밤 12시 30분 서울 종로구청 앞 사거리에 나갔다. 예상은 딱 맞았다. 웨이고 블루 호출 버튼을 누르자마자 '호출 가능한 택시가 없다'는 알림이 떴다. 30분 넘게 웨이고 블루를 불러도 소용없는 장면을 찍어서 기사로 내보냈다. 기사가 나간 뒤 웨이고 블루 운영사는 "연말까지 차량 수를 3000대까지 늘리고, 손님이 많이 몰리는 지역과 시간대에 차량을 배치하겠다"고 밝혔다.

07

한 번은 사건, 두 번은 반복, 세 번은 유행

사소한 제보도 꿰어놓으면 기사가 된다

기자 생활을 하다 보면 주변 사람들에게서 제보하겠다고 먼저 연락이 올 때가 있다. 제보는 언제나 고맙지만 듣고 보면 100개 중 99개는 기사가 되지 않는다. 대부분 개인적인 고충이나 민원이기 때문이다. 성심성의껏 들어주고서 (기자의 월급에는 이런 민원을 끝까지 들어주는 일도 포함돼 있다고 믿고 있다) "사연은 너무 안타까운데 그건 기사는 안 될 거 같아"라고 말한다. 때론 경찰서나 구청에 신고하는 등의 해결 방법을 알려주기도 한다. 그러면 대부분 "그렇지? 너무 개인적인 일이지?"라면서 "그래도 들어줘서 고맙다"고 단념을 한다.

하지만 가끔 "이런 게 기삿거리가 안 되면 뭐가 되느냐"

며 "열정이 부족하다"는 식으로 따지는 경우가 생긴다. 그럴 땐 수습 때 선배에게 들었던 이야기를 해준다. "기사가 되려면 셋 중 하나여야 해요. 사람이 크거나, 사건이 크거나, 금액이 크거나."

대개 기사는 이 셋 중의 하나다. 사람이 크다는 건 사소한 일이라도 대통령, 연예인 등 유명인이 엮인 경우. 사건이 크다는 건 많은 사람들에게 광범위한 영향을 미치는 경우. 금액이 큰 건 범죄 등에서 액수가 천문학적인 경우.

이 정도로 설명해주면 대부분 납득을 한다. 그런데 여기에 하나가 더 있다. 사소하고 개인적인 사건이라도 반복된다면 기사가 될 수 있다.

JTBC 제보 게시판에 자주 올라오는 내용 중 하나가 음식물에서 이물질이 나왔다는 것이다. 요즘엔 스마트폰 카메라로 찍어서 올리기 쉽기 때문에 생생한 '그림'도 함께 올라온다.

한 해 식품의약품안전처에 접수된 이물질 신고는 3000건이 넘는다. 벌레가 약 900건으로 가장 많고 금속, 플라스틱,

유리 등도 600건이 넘는다. 신고하지 않고 넘어간 식품 이물질은 이보다 더 많을 것이다. 식품 이물질은 정말 흔하게 우리 주변에서 겪고 있는 불편인 것이다.

더 화가 나는 건 식품회사에서 쉽게 잘못을 인정하지 않는다는 점이다. 대부분 자기네 생산 공정상 절대 들어갈 수 없는 이물질이라고 한다. 절대 들어갈 수 없다면 쥐머리나 면장갑은 어떻게 들어갔을까?

하지만 안타깝게도 쥐머리나 면장갑 정도 되지 않으면 기사가 안 된다. 그래서 이런 사례들을 모아서 엮어보기로 했다. 일일이 제보자들에게 전화해서 자초지종과 이후 대처를 들었다. 반복되는 패턴이 있었다. 매뉴얼처럼 정해진 식품업체의 대응이었다.

처음엔 부정한다. 그럴 리 없다는 거다. 사진이나 동영상을 찍어서 보내보라고 한다. 이물질이 확인되면 회수하려 한다. 직접 조사해 볼 테니 일단 이물질을 내놓으라고 한다. 마지막으로 제품으로 보상하려 한다. 같은 제품을 한 상자 드릴 테니 신고하지 말라는 식이다.

개별 사건으로는 기사가 되기 어려웠지만, 엮어놓고 보니 반복되는 문제점을 찾을 수 있었고 기사가 될 수 있었다. 작은 구슬들을 꿰었더니 보배가 된 것이다. 한 번은 사건, 두 번은 반복, 세 번은 유행이란 말이 있다. 비슷한 사례가 3번 반복되는 것을 발견했다면 그것이 곧 기사가 될 수 있단 뜻이다.

08

"자료를 못준다고?" 직접 전수조사를 하면 되지

기자의 질문할 수 있는 권한

2019년 박원순 서울시장이 힘줘서 도입한 사업이 '제로페이' 다. 소상공인의 카드 결제 수수료 부담을 줄여주겠다고 서울 시가 공공 결제 플랫폼을 새로 만든 것이다.

그런데 제로페이를 준비하는 중에 정부가 먼저 카드 수 수료를 낮춰버렸다. 이제 웬만한 소상공인은 낮아진 카드 수 수료에 세금 혜택까지 받으면 사실상 수수료 부담이 없어졌 다. 예산을 들여서 개발한 제로페이가 쓸모없어진 것이다.

그래도 우여곡절 끝에 제로페이가 서비스를 시작했는데 민간에서 만든 간편결제 서비스가 잘 나갈 때 제로페이는 시민들의 외면을 받았다. 관에서 만든 서비스가 대개 그렇듯 사용법이 불편하고 결제에 시간이 더 걸렸기 때문이었다. 서울시와 중소벤처기업부가 세금을 들여서 온갖 할인 혜택을 늘렸지만 역부족이었다.

(※ 2020년 코로나19 유행으로 서울시가 재난지원금을 제로페이로 제공하고 할인 혜택을 늘리면서 이용률이 급상승했다.)

세금 먹는 하마가 된 제로페이의 실제 이용률을 지적하고 싶었다. 하지만 서울시는 관련 자료를 절대 줄 수 없다고 했다. '세금 들여서 하는 사업의 운영 내역을 시민들에게 공개 못 하는 이유가 뭐냐'고 따져봤지만 소용없었다.

근거가 될 데이터 없이 비판 기사를 쓸 순 없었다. 궁리 끝에 일정 구역을 정해서 전수조사를 해버리기로 했다. 구역은 서울시에 유리한 서울시청 앞 지하상가다. 이곳은 서울시가 시범 사업 대상으로 지정해 제로페이의 설치를 유도하고, 시청 직원들이 찾아와 제로페이를 자주 이용하는 곳이었다. 전국 어디에서 하는 것보다 가장 서울시에 유리한 곳이었다.

전수조사 결과는 처참했다. 전체 매장 39곳 중에서 제로페이에 가입조차 안 한 가게가 절반이 넘었다. 가입한 점포

중에서도 3곳을 빼곤 단 한 번도 이용해본 적이 없다고 했다. 번거로워서 치워버린 곳도 있었다. 이런 목소리를 생생하게 살려서 방송에 내보냈다.

이렇게 직접 전수조사를 할 수 있었던 이유는 기자라서 여기저기 묻고 다닐 수 있었기 때문이다. 관련 기관에서 자료를 주지 않거나 아직 만들어놓은 자료가 없을 때는 직접 조사하는 게 더 빠를 때가 있다. 그리고 자료를 받아서 쓸 때보다 발로 뛰어서 알아낼 때 더 생생한 목소리를 들을 수 있다.

또 다른 사례가 있다. 2019년 관심 있게 취재한 업계 중하나가 전동 킥보드 대여 사업이었다. 이용이 빠르게 증가하고 있는 동시에 교통사고나 화재사고 등도 늘고 있었기 때문이다. 당시 영업하던 대여 업체들 대부분이 KC안전인증을 받지 않은 채 사업을 하고 있었다.

산업통상자원부와 국토교통부에 전동 킥보드 대여 업체들의 KC안전인증 현황을 알려달라고 요청한 적이 있다. 하지만 모두 신생 업체들이라 아직 그런 자료는 없다고 했다. 그래서 대여 업체들을 직접 모두 확인하기로 했다. 업체들이 사용하는 킥보드 모델을 알아내서 KC안전인증을 받았는지 여부를 일일이 대조해봤다. 그 결과로 <**전동킥보드 '안전 사각지대'**···KC 인증 없이 '**불법 영업**'> 기사를 내보냈는데, 기사가 나간 뒤 산업부는 업체들에 대한 조사와 관리에 나서겠다고 밝혔다.

09

붉은 수돗물 나온 문래동에서 '이삭줍기'

발제가 힘들 땐 지난 사건을 다시 보자

아무리 고민을 해도 기삿거리가 떠오르지 않을 때가 있다. 그럴 땐 지나간 사건들을 뒤져보는 것도 한 방법이다. 추수 까지 다 마친 사건이라도 바닥에 흘리고 간 이삭을 줍다 보면 쏠쏠한 재미를 얻을 때가 있다. 홈런은커녕 안타도 치기 어려울 땐 번트라도 대 보자는 심정이다.

2019년 6월 20일 아침, 서울 문래동 일대가 발칵 뒤집혔다. 밥을 짓고, 세수를 하려 물을 틀어보니 붉은 녹물이 나와서다. SNS에 인증샷이 올라오고 방송 카메라들이 달려갔다. 그동안 수돗물을 그대로 먹어도 된다고 홍보하던 서울시는 자존심이 구겨졌다. 문제는 오래된 상수도관이었다. 박원순 서울시장은 긴급 예산을 투입해서 서울에 있는 낡은 상수도 관을 모두 긴급 교체하기로 했다.

많은 사건이 그렇듯 그 뒤로 문래동은 어떻게 됐는지, 정말 상수도관이 문제였는지, 교체는 계획대로 차질 없이 진행되고 있는지 '애프터 서비스'를 해주는 기사는 없었다.

혹시 그사이 어떤 문제가 생겼는지 알아보러 서울시 상수도사업본부를 찾아가 봤다. 다행히 교체 작업은 계획대로 착착 진행되고 있었다. 빈손으로 돌아 나오려다 문제가 됐던 문래동의 상수도관을 꺼내는 날이 언제인지 물어봤다. 방송 기사인 만큼 물때가 가득 찬 상수도관의 심각함을 직접 보여주는 것도 가치가 있다고 생각했다. 두 달 뒤로 예정된 공사 날짜를 캘린더에 저장해뒀다.

공사 날에 맞춰 영상취재 기자와 문래동 공사 현장에 나가봤다. 도로 한복판에서 포클레인이 아스팔트를 부수고 땅을 파내자 문제의 상수도관이 드러났다. 전문가가 들어가서 산소절단기로 관을 잘라내고 쇠사슬로 묶어서 포클레인이 들어올렸다. 생소한 광경이었다.

꺼낸 상수도관 속을 직접 살펴봤다. 방송 기사를 쓰기에 그림이 딱이었다. 먹는 물이 지나다니는 길에 이물질이 굴러다니고 새까만 물때가 잔뜩 껴 있었다. 카메라를 켜서 구석구석을 찍고 직접 손으로 상수도관을 닦아내 끈적끈적한 물때를 보여줬다.

대단한 특종은 아니지만 주말 저녁 뉴스로 반응이 쏠쏠했다. 흐지부지 마무리된 사건이나 구속된 유명인의 출소일 등을 메모해둔 뒤 기삿거리가 궁할 때 꺼내 보면 요긴할 때가 많다. 기삿거리가 흉작일 때 살아남는 나만의 꿀팁이다.

Chapter 02
만나다

10

제보자가 기자에게 입을 여는 101가지 이유

누구나 말하고 싶은 욕망이 있다

.

"너는 내일 첫차로 파주에 가라. 가는 길엔 홍만표에 대해서 공부하고."

수습기자 시절, 서초경찰서 2진 기자실의 침낭과 한 몸이 되려던 새벽 2시에 L선배는 전화로 다음 날 취재 계획을 알려줬다.

홍만표 전 검사장은 2016년 법조비리 사건으로 한국 사회를 떠들썩하게 만든 인물이다. 잘 나가는 검사였던 그는 2011년 변호사 개업을 한 뒤 2012년과 2013년에 각각 100억 원에 가까운 소득을 신고했다. 전관예우를 이용해 검찰

조사를 받는 범죄 혐의자의 편의를 봐주고 큰돈을 받은 의혹을 받았다. 수임 신고를 하지 않고 몰래 변론을 해 세금을 축소한 혐의도 있었다. 검찰 수사 과정에서 구속됐고 법원에서 조세포탈 등 혐의로 유죄 판결을 받았다.

이튿날 새벽, L선배는 파주의 한 사무실 주소를 보냈다. 검찰이 며칠 전 압수수색한 부동산업체의 홈페이지에 나온 위치라고 했다. 이 업체가 홍만표 변호사가 전관예우로 몰래 번 돈을 관리하고 있을 것이란 추측이었다. 직접 찾아가서 사실인지 확인해보란 것이다.

황당한 지시였다. 새벽부터 헛걸음을 하는 게 귀찮아서가 아니었다. 선배의 추측대로라면 이 부동산업체는 어차피 홍 변호사와 한패인데 기자가 가서 물어본들 자신들에게 불리한 말을 해줄 리가 없었다. 용기를 내 선배에게 문자 또 황당한 대답이 돌아왔다.

"누구나 말하고 싶은 욕망이 있다. 그걸 건드려봐라."

선배가 알려준 주소를 찾아가 보니 유령 사무실이었다. 간판은 있지만 문 앞에 오래된 우편물들이 쌓여 있었다. 실

눈을 뜨고 문틈으로 내부를 보니 텅 비어 있었다. 옆 사무실로 출근하는 사람들을 붙잡아 물어보니 그 방에 사람이 드나드는 걸 본 적이 없다고 했다.

그런데 건물을 샅샅이 뒤져보니 이 사무실과 관련된 휴대전화 번호를 하나 구할 수 있었다. (취재원 보호를 위해 자세한 과정을 쓸 수 없음을 양해 바란다) 전화를 걸자 상대방은 의외로 전화를 받았고, 순순히 나를 만나주겠다고 했다. 그는 나에게 주소 몇 군데를 알려줬다. 등기부등본을 떼어보니 소유주에 홍 변호사와 그의 아내 이름이 적혀 있었다.

<[단독] 홍만표 오피스텔 50채, 부인이 지분 가진 업체서 관리>
<[단독] 홍만표, 50억대 상가도 보유⋯내일 검찰 소환>

이 취재원의 제보로 홍 변호사가 숨겨둔 자금으로 투자한 부동산을 밝혀냈다. 취재원에게 제보를 한 이유, 즉 L선배가 말한 '말하고 싶은 욕망'이 무엇이었는지 물어봤다.

"홍 변호사와 아내가 저를 인격적으로 무시했습니다."

L선배가 말한 '누구나 말하고 싶은 욕망이 있다'는 건 이런 거였다. 합리적으로 생각하면 아무도 입을 열지 않는 게 정상이다. 하지만 많은 사건의 결정적인 단서는 가까운 사람의 진술에서 나왔다. 10명 중에 7~8명은 취재를 거부한다. 그런데 나머지 2~3명은 입을 연다. 그들이 말하고 싶은 욕망은 제각각이다. 개인적인 원한, 양심에 찔려서, 공명심 때문에, 폭로에 희열을 느껴서 등등.

취재원이 기자에게 입을 열 때 나타나는 흥미로운 모습 중 하나는 취재원이 정보의 비대칭에서 오는 권력을 즐긴다는 것이다. 예를 들어 지난밤에 클럽에 몰래 다녀온 남자 친구에게, 이를 다 알고 있는 여자 친구가 씩 웃으며 "어젯밤에 뭐했어?"라고 물어볼 때와 같다. 더 많이 알고 있는 사람은 우월하게 행동할 수 있고, 더 적게 아는 쪽은 불안에 떤다. 정보가 주는 권력 차이다.

취재원도 기자보다 더 많은 정보를 알고 있을 때 우월감을 느낀다. 기자의 관심이 시들해지면 정보를 하나씩 흘리면서 그 권력을 유지하려 한다. 이는 원초적인 본능이라고 봐도 될 정도로 취재원에게서 공통적으로 나타나는 모습이다.

이렇게 합리적으로 생각해선 이해가 안 되는 이유들로 취재원이 말을 하기 때문에 기자에게 우월한 전략은 단 하나다. 사람을 가리지 않고 언제나 질문하는 것이다.

11

10번 중 9번은 실패하는 '뻗치기'를 하는 이유

유일한 취재 수단 '뻗치기'

기자의 유일한 취재 방법은 만나서 물어보는 것이다. 검찰이나 경찰 등 수사기관처럼 강제로 불러내서 조사할 권한이 없기 때문이다. 물어보려면 일단 만나야 한다. 그런데 보통 핵심 취재원들은 쉽게 만나주지 않는다. 먼저 이들이 어디에 있는지 알아내야 하고, 연락처를 확보한 뒤, 만나게 될 때까지의 공을 들이는 과정이 취재의 절반 이상이라고 말할 수 있다.

만나기 어려운 취재원을 만나기 위해 많이 쓰는 취재 방식 중 하나가 '뻗치기'이다. 뻗치기란 특정 장소에서 상대방을 무작정 기다리는 것을 말한다. 대개 상대방의 집이나 회사

문 앞에서 그와 마주칠 때까지, 비가 오나 눈이 오나, 추우나 더우나, 기다리는 것이다. 물론 만나지 못할 가능성이 더 높다. 하지만 만에 하나 마주쳐서 이야기를 나눌 가능성을 포기할 수 없다.

2017년 12월 9일, 문재인 정부의 임종석 당시 대통령 비서실장은 아랍에미리트(UAE)를 특사 자격으로 방문했다. 문재인 대통령의 중국 순방을 코앞에 둔 시점이었다. 청와대는 UAE와 레바논에 파병 중인 장병들을 격려하기 위해 임 실장을 보냈다고 설명했다. 하지만 고작 일주일 전에 송영무 당시 국방부 장관이 이미 UAE와 레바논에 가서 파병 장병을 격려하고 왔다. 정치권에선 청와대의 설명이 수상하다며 임실장이 비밀 임무를 하고 왔다는 의혹을 제기했다. 문재인 정부가 출범하고 처음 궁지에 몰린 사건이었다.

이때 제기됐던 가설 중 하나가 UAE가 이명박 정부 시절 청와대와 비밀 군사협정을 맺었다는 의혹이었다. 원전 계약을 따내기 위해 이명박 정부가 UAE에 군사 지원을 약속하는 이면 합의를 맺었는데, 정부가 바뀌면서 이게 문제가 생겼다는 것이다. 소문은 무성했지만 확인할 방법이 마땅치 않았다.

찾아보니 이명박 정부 당시 국방부 장관은 김태영 전 장관이었다. 국방부 관계자들을 통해 연락처를 구해 전화를 여러 번 걸어봤지만 받지 않았다. 집 주소를 알아내야 했다. 김 전 장관의 이력을 찾아보니 현재 한국전쟁기념재단의 이사장을 맡고 있었다. 이걸 실마리로 김 전 장관이 현재 살고 있는 곳을 알아냈다. (구체적인 취재 기법은 공개하기 어려운 점을 양해 바란다) 그가 만나 줄지는 모르겠지만 무작정 찾아가보기로 했다.

광역버스와 택시를 타고 가는 길에 김 전 장관에게 문자를 여러 통 보냈다. 묻고자 하는 내용을 보내기도 하고, 언제쯤 도착할 것인지, 심지어 국방부 장관을 하던 시기에 내가 육군에서 복무했던 사소한 인연까지도 보냈다. 답장은 없었지만 그가 읽고 있을 거라고 생각했다.

저녁 7시쯤 도착해서 초인종을 눌렀다. 역시 문은 열리지 않았다. 창 안에서 인기척이 느껴졌다. 무작정 기다려보기로 했다. 다행히 날씨가 춥지 않았다. 아침까지 있어 볼 작정이었다. 김 전 장관에게 집 앞에 도착했다는 문자를 보내놓고 한 시간이 흘렀다. 혹시나 해서 초인종을 다시 눌렀다. '철컥' 문이 열렸고 김 전 장관의 얼굴이 불쑥 나왔다.

"무슨 일이요? 일단 들어와서 이야기합시다."

아무래도 돌아갈 기미가 보이지 않자 안으로 들이기로 한 모양이다.

이날 김 전 장관과 1시간 30분가량 대화를 나눴다. 김 전 장관은 작심한 듯 묻는 모든 질문에 대답해줬다. 이튿날 이 내용을 보도한 기사가 나간 뒤 '임종석 비서실장의 UAE 방문 의혹'은 '이명박 정부의 비밀 군사협정 체결 사건'으로 뒤집혔다.

운이 좋아서 성공담을 말하고 있지만 사실 대부분의 뻗치기 취재는 실패로 그친다. 기다려서 만난다 해도 상대방이 취재를 거절하려고 마음을 먹으면 설득이 쉽지 않기 때문이다. 요즘엔 사생활 보호가 더 중요해졌기 때문에 무리하게 뻗치기 취재를 시도해서도 안 된다. (이에 대해선 뒤에서 자세히 다룬다) 하지만 몇 번을 실패해도 뻗치기를 시도하는 이유는 분명하다. 누구나 말하고 싶은 욕망이 있고, 김 전 장관처럼 누군가는 말을 한다는 것을 여러 차례 경험해봤기 때문이다.

12

인터뷰 가서 영정사진 찍고 온 사연

무대 뒤까지 챙겨라

"구원장학재단 황필상씨 사진 관련해 연락드립니다."

2018년 12월 30일 오전에 받은 수십 통의 이메일 제목 중 하나다. 발제 보고가 바쁜 시간이라 열어보지 않았다. 기자의 편지함엔 온갖 홍보, 항의, 보도자료가 매일 쏟아진다. 때문에 열어보지 못하고 지나치는 메일이 훨씬 많다.

점심을 먹고 와서 다시 눈에 띄는 메일 제목. 황필상이 누구지? 기억도 나지 않았다. 메일을 열어봤다. 2017년 내가 쓴 기사에서 사용한 사진의 원본 파일을 받을 수 있는지 정중하게 묻는 내용이었다.

'활짝 웃고 계신 사진', '가족으로서 너무 귀한 사진', '건강이 안 좋아지셨는데⋯.' 어떤 상황인지 충분히 짐작이 되면서, 황씨의 사진을 찍던 순간이 떠올랐다. 아주 생생하게.

황필상 구원장학재단 이사장. 그의 이름은 몰라도 그가 겪은 일은 한 번쯤 들어봤을 수 있다. 평생 모은 195억 원을 장학재단에 기부했다가 140억 원의 '세금 폭탄'을 맞았고, 못 받아들이겠다고 길고 긴 소송을 치르면서 언론의 주목을 받았다.

황 이사장은 1947년 서울 청계천 인근 판자촌에서 태어났다. 생활정보지 '수원교차로'를 설립해 자수성가하자 '사람 농사'를 짓고 싶었다고 한다. 2002년 모교인 아주대에 기부를 하겠다고 했다. 수원교차로 주식 지분 90%(당시 평가액 180억 원)와 현금 15억 원이었다.

아주대 측이 직접 증여를 받는 건 곤란하다고 해서 대학과 공동으로 '황필상 아주 장학재단(현 구원장학재단)'을 세웠다. 2008년까지 6년 동안 학생 733명이 41억 원이 넘는 장학금을 받았다.

그런데 갑자기 세무서에서 세금 140억 원을 내라고 했다. 100억 원의 증여세와 5년 동안 내지 않은 가산세 40억원을 합친 액수다. 장학재단에 재산을 기부한 것이 편법으로 상속을 하기 위한 수단이라고 본 것이다. 장학재단의 재산과 계좌가 압류됐다.

황 이사장은 이듬해 세금 부과를 취소해 달라고 소송을 냈다. 2010년 1심에서 이기자 "이제 다 해결됐다"고 생각했다고 한다. 하지만 이듬해 2심 재판부는 "경제력을 가족 등에게 승계할 위험이 없다고 단정할 수 없다"면서 세무서의 손을 들어줬다.

내가 황 이사장을 만난 건 그로부터 6년 뒤, 대법원 판결이 나오던 날이었다. 2017년 4월 20일 아침, 중앙일보 법조팀장이던 L선배는 나에게 과제를 내렸다. "황필상 이사장의 기자회견이 끝나면 '적군'(다른 기자들)을 따돌리고 따로 만나서 무조건 단독 인터뷰를 해라. 2면을 통째로 비워놓을 테니까. 놓치면 펑크 나는 거다."

이날 오후, 대법원 법정에서 그가 잘 보이는 자리에 앉았다. "원심을 파기하고…." 8년 동안의 긴 소송에서 이기는 순간, 그의 입 꼬리가 가볍게 올라갔다가 곧 내려왔다. 담담한 얼굴이었다. 간신히 얻어낸 결과에 부정이라도 탈까 조심하는 것 같았다. 선고 뒤 기자 회견에서 질문이 쏟아질 때도 "더 이상 앞길이 안 보일 때 나에게 큰 힘이 돼 준 의인들"이라며 변호인단을 치켜세울 뿐이었다.

방송사 인터뷰까지 모두 마치고 '적군'들이 하나둘씩 사라졌다. 나도 철수하는 척 하면서 눈치를 보다가 주차장으로 가는 그를 후다닥 쫓았다. 그가 향한 곳은 법원 안 흡연 구역. 담배 연기를 한 모금 뱉으며 비로소 활짝 그가 웃었다. 놓칠 수 없어 급히 스마트폰을 꺼내 찍었다.

"다행입니다. 많이 힘드셨죠?"
"너무 오래 걸렸어. 이번 일로 400살 도사가 된 것 같아."

그가 비로소 속내를 털어놓았다. "처음엔 속 무지하게 많이 썩었어. 내가 왜 기부를 해서 범죄자로 몰리고. 가족들에게도 미안해서 후회를 많이 했어. 그 뒤론 체념했지. 이 일에만 몰두하면 죽을까 봐. 내가 만학도로 돈도 없이 공부할 때 배운 노하우가 있지. 힘들수록 힘을 빼고 버티는 거야."

그는 아직도 사람 농사에 대한 의지를 버리지 않았다고 했다. "동량지재(棟梁之材)를 많이 길러 외국에 유학도 보내고 씨를 잘 뿌리고 있었는데…."하면서 많이 아쉬워했다. 차를 타고 떠나기 전 15분간 나눈 대화에서 그의 진심이 전달됐다. "이제 500살 먹었다는 생각이 들 때까지 열심히 키워보리다."

그가 떠나자 법조팀장 L선배에게 전화했다. "따로 만나서 확실하게 들었어요. 까먹기 전에 빨리 쓸게요." 어떤 내용인지 자세히 보고도 안 했는데 L선배는 내 목소리에서 확신을 느꼈는지 꼬치꼬치 캐묻지 않고 그러라 했다. 검찰청 기자실에서 기사를 써서 보냈다. 제목은 <"사람 농사가 범죄 될 뻔해…제2 잡스 다시 키워보리다">.

황 이사장의 가족들이 찾는 건 바로 이날 찍은 사진이었다. 이메일로 사진을 보냈다. 다음날 아침, 답장이 왔다. "아버지께서 오늘 새벽에 돌아가셨습니다. 아버지께서 가장 기뻐하시는 모습이 담긴 사진으로 영정 사진을 쓸 수 있게 해주셔서 진심으로 감사드립니다."

출근을 하려고 샤워를 하다가 왈칵 울음이 났다. '500살까지' 사람농사를 짓겠다던 분이 이렇게 허망하게 가시다니 속이 상했다. 하루에 2만 보씩 걸을 정도로 건강했던 고인은 소송을 치르면서 건강이 급격하게 나빠졌다고 한다. 고인은 아주대의료원에 자신의 주검을 기증하고 떠났다. 마지막 나눔이었다.

2017년 12월 국회에선 선의의 기부자가 세금 걱정 없이 주식을 사회에 내놓을 수 있도록 하는 일명 '황필상법'(상속세 및 증여세법 개정안)이 통과됐다. 법정 투쟁으로 사람농사의 씨 뿌리기를 잠시 멈출 수밖에 없었지만, 남들이 사람 농사를 짓기 쉽도록 토양을 다지고 간 것이다.

2018년의 마지막 날, 퇴근길에 그의 빈소를 찾았다.

'아, 정말 내가 찍은 사진이 영정 사진으로 걸려있구나.'

담배 연기 속에서 웃고 있는 그에게 인사를 드렸다. 사모님께서 손을 꼭 잡아주셨다. "그 양반 그래도 이겨서 후회는 없이 갔어. 정말로." 고인께서 내가 쓴 기사를 읽고 또 읽고, 복사해서 주변에 나눠주기도 했다고 한다. 고맙고 미안했다.

"자서전은 다 쓰셨나요?"

내 물음에 유족들의 눈이 동그랗게 됐다. 고인의 사진을 찍은 날 그는 "두 딸에게 쓰는 편지 형식으로 가족들 모르게 자서전을 쓸 생각"이라고 했다. 마치 크리스마스 선물을 몰래 준비하는 아버지처럼 들뜬 표정이었다. 두 따님은 울음과 웃음이 섞인 얼굴로 "어서 아버지 노트북을 열어 봐야겠다"고 했다.

또 한 통의 메일이 도착했다. 고인의 따님이었다. "그날 밤, 아버지께서 남기신 마지막 유서를 찾을 수가 있었습니다. 덕분에 영결식에서 아버지 유서로 모두 깊은 감동과 위로를 받았습니다."

유족의 허락을 받아 고인의 뜻을 몇 줄 함께 나눠본다.

"주어진 일에 감사하면서 너희가 할 수 있는 최선을 다해라. 그리고 여력이 있거든 인정을 베풀어라! 남을 위해서도 살아라! 내 이웃이여! 사랑합시다. 줍시다. 100년 인생도 순간이라오!"

13

"염병하네" 청소노동자 임애순씨가 겪은 특검 50일

가장 상징적인 인물을 만나자

길지 않은 기자 생활 동안 가장 기억에 남는 일은 '최순실 국정농단 사건 특검' 취재였다. 세 달 가량 숨 가쁘게 돌아가는 수사 상황을 따라 취재하면서 하루도 제대로 못 쉬었지만, 이 때 겪은 일들은 아직도 술자리에서 꺼내면 몇 시간을 우려먹을 수 있는 흥미진진한 안줏거리가 됐다.

선릉역 1번 출구를 나오면 바로 보이는 대치빌딩의 2층 주차장은 언론사 특검취재팀의 막내 기자들이 가장 많은 시간을 보낸 곳이다. 최순실씨, 삼성전자 이재용 부회장, 김기춘 전 비서실장 등 국정농단 사건의 등장인물들이 조사를 받을 때 이곳에 만들어진 포토라인을 거쳐 들어갔기 때문이다.

기자들은 24시간 이곳을 지키면서 들어오고 나가는 이들을 붙잡고 질문을 했다.

2017년 1월 25일 오전, 구치소에 있던 최순실씨가 특검 조사를 받기 위해 대치빌딩에 도착했다. 호송차에서 내린 최씨는 포승줄에 묶인 채 걸어오다가 생중계하는 방송 카메라를 발견하고서 소리쳤다. "여기는 더 이상 민주주의 특검이 아닙니다! 어린 손자까지…."

말을 이어가려던 최씨를 가로막은 건 인파 속에서 튀어나온 예상치 못한 목소리였다.

"염병하네! 염병하네! 염병하네!"

최씨의 입에 쏠릴 뻔했던 관심은 순식간에 '염병 삼창'으로 뒤집어졌다.

'염병하네'의 주인공은 대치빌딩의 청소노동자 임애순씨였다. 임씨는 서울 봉천동에서 40년째 살고 있는 60대 여성이다. 서울관악고용보험센터에서 일자리를 소개 받아 특검 사무실을 청소하게 됐다. 임씨는 첫 출근을 하는 날 대치빌딩 입구에 경찰이 서 있기에 '무슨 일이냐' 물어보고선 여기가 특검 사무실이란 걸 알게 됐다.

최순실씨가 온 그날도 임씨에게는 평범한 하루였다. 아침 청소를 마치고 잠깐 쉬고 있는데 곧 최씨가 온다기에 주차장으로 구경을 나갔다. 최씨가 민주주의를 운운하며 소리치는 모습을 보자, 임씨는 자기도 모르게 분한 마음이 입 밖으로 터져 나왔다.

"염병하네!"

평범했던 임씨는 하루아침에 유명인사가 됐다. 이날 많은 매체에서 임씨의 '사이다' 발언을 조명했다. 그 뒤 임씨는 광화문광장에서 열린 촛불집회의 연단에도 올랐다. 많은 사람들 앞에 서는 게 겁이 났지만 아들이 "내가 손을 잡고 같이 가겠다"라고 하는 말에 용기를 냈다.

2월 하순, 수사 기간을 늘려달라는 특검의 요청을 황교안 총리가 거부하면서 특검취재팀도 마무리 준비에 들어갔다. 약 세 달의 특검 수사 기간을 정리하는 기획을 하면서 내가 맡은 건 상징적인 인물의 인터뷰 기사였다.

쉽게 떠오르는 건 박영수 특별검사나 패션 센스로 유명해진 이규철 대변인이었다. 하지만 특검팀은 사안이 엄중한 만큼 어느 언론사와도 인터뷰를 일절 하지 않겠다고 했다. 국정농단의 피해자를 섭외해볼까도 했지만 사건 전체를 아우르는 이야기를 하기에 적당한 사람이 없었다.

그때 특검취재팀장 L선배가 떠올린 인물이 임애순씨였다. 임씨는 가장 평범하지만 가장 가까이에서 특검수사팀을 관찰한 사람이다. 특검 사무실이 있던 대치빌딩 17~19층은 출입이 통제돼 기자들도 들어갈 수 없었지만, 임씨는 매일 그곳을 드나들었다. 임씨가 수사 상황을 잘 아는 건 아니지만 온 국민이 관심을 갖는 사건인 만큼 평범한 임씨의 시선이 더 특별할 수 있겠다고 생각했다.

그날부터 임씨를 쫓아다녔다. 지하 4층 휴게실을 찾아가서 인터뷰를 하자고 졸랐다. 임씨는 한사코 거절했다. 그럴 만한 이유가 있었다. 임씨가 주목을 받고나서부터 소위 '친박 세력'이 그를 괴롭혀온 것이다. 그들은 임씨가 '광주 5·18 민주화 유공자 가족'이라거나 전문 시위꾼이라는 등의 가짜 뉴스를 퍼뜨렸다. 모두 사실이 아니었다. 임씨는 "내가 무슨 대단한 사람이라고 이렇게 모함까지 하냐"면서 억울해 했다.

임씨를 간신히 설득해 두 시간 정도 이야기를 나눴다. 인터뷰는 예상대로 평범하지만 특별했다. 임씨의 눈엔 특검팀의 애환이 그대로 들어있었다. 밤새 일하고 코피를 쏟아서 화장실로 달려온 검사, 추위에 떨며 출입문을 지키던 의경 이야기를 하면서 자기 아들처럼 안타까워했다. 이규철 특검보가 양치를 하다가 칫솔을 빼고 90도로 인사를 했다며 깔깔 웃었다. 광화문광장의 많은 시민들 앞에서 누구나 한 마디 할 수 있다고 느꼈을 때 민주주의를 온몸으로 체험했다고 말했다. 모두가 열심히 일하면 먹고 살만해지고, 우리 아이와 손자가 더 행복하게 지낼 수 있기를 바란다고 했다.

인터뷰 기사는 대박이 났다. 비상식적 범죄 사실이 연일 시민들에게 충격과 우울함으로 다가오던 시기에 임씨의 상식적인 이야기가 공감과 위로를 줬기 때문이다. 이처럼 인터뷰 기사는 적절한 인물을 섭외하는 게 준비의 8할이다. 시민들이 지금 가장 만나고 싶은, 이야기를 듣고 싶은 사람을 찾아서 만났다면 절반은 성공했다고 볼 수 있다.

14

'확인 불가'에는 '답정너'로 돌려주자

한·일 수출 분쟁과 삼성전자 홍보팀

기자들이 취재원에게 가장 많이 듣는 말은? "확인해 드릴 수 없습니다"(NCND·Neither Confirm Nor deny, 긍정도 부정도 할 수 없다)이다. 기자들은 취재원에게 민감한 사항을 질문하고, 취재원은 맞다고도, 틀리다고도 할 수 없는 상황에서 나오는 말이다. 하지만 기자가 완벽하게 취재가 된 상태에서 취재원에게 질문을 하면 대부분 어쩔 수 없이 "맞다"고 답해준다. 이정도로 확실하게 취재된 내용은 대답을 거부해도 어차피 보도가 될 거란 걸 알기 때문이다. 이 때문에 취재원이 "맞다"고 대답할 수밖에 없을 정도로 취재하는 건 어렵지만 필승 전략이다.

2018년 하반기 가장 큰 이슈는 일본과의 무역 분쟁이었다. 일본 아베 총리는 7월 1일 반도체와 디스플레이를 제작할 때 필요한 핵심 부품에 대한 수출을 제한하겠다고 발표했다. 그 중 하나가 반도체를 깎을 때 쓰는 고순도 불화수소다. 삼성전자를 포함한 국내 주요 기업들은 일본산 고순도 불화수소에 90% 넘게 의존하고 있었다. 두세 달 안에 수급 문제를 해결하지 않으면 반도체 생산과 수출에 차질이 생길 수 있었다.

당시 JTBC 탐사팀에 있던 나 역시 일본과의 수출 분쟁 이슈를 쫓고 있었다. 무역협회와 반도체협회 핵심 관계자, 반도체 전문가 등을 만나서 고순도 불화수소를 과연 대체하거나 국산화할 수 있는지를 묻고 다녔다. 그때 만났던 몇몇 전문가들은 "삼성전자가 이미 고순도 불화수소의 다른 수급 창구를 확보했다"고 말했다. 그러면서 국내에서 불화수소를 가공하는 공장들을 확인해보라는 귀띔도 했다. 반신반의 했지만 확인에 나섰다.

먼저 삼성전자 홍보팀에 "새로운 불화수소 수입 경로를 확보했느냐"고 슬쩍 물어봤다. 역시나 "불화수소와 관련해선 아무것도 말할 게 없다"라는 대답만 돌아왔다. 좀 더 확실하게 취재해서 다시 물어봐야 했다.

삼성전자, SK하이닉스 등에 불화수소를 가공해 납품하는 공장들을 찾아 돌았다. 그 중 한 업체의 관계자가 공장 밖에서 따로 얘기하자는 말을 꺼냈다. 실마리가 잡힌다는 느낌이 들었다. 조용한 카페에서 그는 사진과 문서 몇 장을 보여주며 말했다. "우리 공장은 일본에서 수입한 고순도 불화수소를 가공해서 삼성전자와 SK하이닉스 등에 납품해왔다. 그런데 몇 달 전부터 중국 등 다른 나라의 불화수소가 공장에 들어왔다."

실제로 사진엔 중국산 고순도 불화수소가 쌓여 있었고, 드럼통엔 "삼성전자 납품용"이란 띠가 붙어 있었다. 문서엔 들어오고 나간 날짜와 시간이 기록돼 있었다. 다음날 아침부터 영상취재 기자와 함께 이 공장 진입로에 차를 세워두고 '뻗치기'를 해봤다. 실제로 중국산 원료를 실은 탱크로리가 바쁘게 드나들었다.

중국산 고순도 불화수소가 삼성전자로 들어간 것은 정황상 거의 확실했다. 하지만 삼성전자의 "맞다"는 대답을 이끌어낼 정도의 증거물이 아니었다. 언제부터, 왜 중국산 고순도 불화수소를 들여왔고, 생산 라인에 투입할 수 있을 정도의 품질인지 확인이 되지 않으면 기사를 쓸 수가 없었다.

취재원을 보호하기 위해 자세한 과정을 말할 수 없지만, 또 다시 공장과 업체를 돌고 돌아 결국 모든 실체를 파악하게 됐다. 삼성전자는 일본의 수출 규제가 있기 약 1년 전부터 이를 예상하고 다른 나라의 원료를 수입해서 테스트 해왔다는 것이다. 최종 품질 테스트를 통과한 게 7월 1일이라는 날짜까지 알게 됐다. 공교롭게도 7월 1일은 일본 아베 총리가 한국에 대한 수출 규제를 발표한 날이었다.

기사를 모두 써놓고 당당하게 삼성전자 홍보팀에 다시 전화했다. '답정너' 답은 정해져 있었다. "맞다"고 대답할 수밖에 없을 정도로 구체적으로 물어봤다. "특종 하셨네요." 삼성전자 홍보팀의 돌아온 짜릿한 한 마디였다.

15

"흰 연기는 수증기 입니다?"
포스코 제철소의 거짓말

말할 권한이 있는 입을 찾자

2019년 하반기에 JTBC 탐사팀에 몸담았다. 탐사팀의 장점이
자 단점은 취재 범위에 제한이 없다는 점이다. 자기가 취재
하고 싶은 분야가 있다면 얼마든지, 시간과 자원의 제약을
덜 받으면서 파고들 수 있다. 대신 취재거리를 스스로 찾지
못하면 남아도는 시간이 정말 좌불안석이다.

취재거리를 찾지 못한 답답한 어느 주말, 부모님 댁에 찾
아가서 쉬다가 엄마에게 물어봤다. 엄마의 눈높이는 보통 시
민의 관심사를 보여주는 최고의 척도이다.

"엄마는 요즘 뭐가 제일 관심 있어?"

"미세먼지가 제일 고민이지."

그래서 미세먼지 문제를 파고들어 보기로 했다. 미세먼지의 배출원 중 중국은 당장 취재가 어려우니 일단 빼놓기로 했다. 국내 발생 원인을 찾다보니 눈에 띈 곳이 제철소였다. 한 환경단체가 포스코 광양제철소에서 아무런 필터도 없이 대기오염 물질을 배출해왔다고 영상을 공개했다. 포스코는 흰 연기가 대기오염 물질이 아니라 수증기라고 반박했다. 실체를 알아보기로 했다.

먼저 이런 주장을 한 환경단체에 연락했다. 포스코 측은 굴뚝에서 나오는 흰 연기가 수증기라고 하는데, 대기오염 물질이라고 주장하는 근거가 무엇인지 물었다. 대답은 다소 황당했다. 포스코에서 전에 일했던 직원이 말하길 그 굴뚝에는 대기오염 물질을 걸러내는 장치가 없다고 한 게 근거라는 것이다. 이걸 가지고 기사를 쓸 수는 없었다. 대기업의 환경오염 문제를 지적하면서 이런 주장을 그대로 믿고 인용할 수는 없다. '권한이 있는 사람의 책임질 수 있는 말'이 필요했다.

서울에서 전화로 더 이상 할 수 있는 게 없으니 현장을 찾아갔다. 광양제철소를 마주보고 있는 한 마을의 주민들을 만나기로 했다. 직접 가서 보니 환경단체의 말이 터무니없는 주장은 아니라는 걸 눈으로 확인할 수 있었다. 창틀과 마당 바닥을 손으로 쓸면 검은 분진이 묻어 나왔다. 자석을 대 보니 정말 쇳가루였다. 포항제철소 옆 동네도 마찬가지였다. 주민들은 창문도 못 열고 지낸다면서 인터뷰를 해줬다.

그래도 기사를 쓰기엔 충분하지 않았다. 이 과정에서 환경단체 담당자와 서로 옥신각신 말다툼을 많이 했다. 환경단체에선 이렇게 분명하게 주민들의 피해가 눈에 보이는데 뭐가 더 부족하냐고 따졌다. 포스코에서 돈을 받고 시간을 끌다가 취재를 접으려는 게 아니냐는 의심도 받았다. 답답했지만 저 굴뚝에서 나오는 흰 연기 속에 쇳가루가 들어있다는 사실을 객관적으로 증명할 때까진 어쩔 수 없었다.

고민하던 중에 환경단체에서 다시 연락이 왔다. 행정부처인 환경부가 굴뚝에서 나오는 연기 속으로 드론을 띄워서 미세먼지를 측정해보기로 했다는 거다. 그 측정 과정과 결과를 환경단체도 함께 보기로 했으니 그 자료를 입수하면 기사를 쓸 수 있겠냐고 물어봤다. 권한이 있는 사람(환경부)의 책임질 수 있는 말(측정 결과)을 찾아낸 것이다.

측정 결과 연기 속에서 기준치를 넘는 대기오염 물질이 나왔다. 흰 연기는 수증기라서 해롭지 않다는 포스코의 주장이 거짓이었던 것이다. 더 심각한 것은 이미 대기 중에 퍼진 연기에서 미세먼지를 포집한 결과라는 것이다. 보통 대기오염 물질의 양을 잴 때는 굴뚝에 직접 측정기를 대고 측정한다. 대기 중에 이미 흩어진 연기에서 드론으로 측정하는 것과 최대 100배 정도 차이가 난다.

최종 확인을 위해 환경부의 담당자에게 전화를 해서 물어봤다. 환경부 담당자는 "흰 연기가 거의 다 수증기라는 말은 맞지 않다. 드론으로 측정한 것보다 실제 나오는 오염물질의 농도는 더 높을 것이다"라고 말해줬다. 이제 분명하게 기사를 쓸 수 있게 됐다.

포스코의 주장과 달리 흰 연기는 대기오염 물질이었고 그 배출량이 상당하다는 기사와 제철소 주변 주민들이 직접 말하는 고통을 담은 기사, 총 2꼭지의 방송 리포트가 보도됐다. 권한이 있는 사람의 책임질 수 있는 말이 들어갔기 때문에 포스코에선 어떤 반박 자료도 내지 못했다.

Chapter 03
듣다

Listen

16

'나쁜 남자'의 마음을 얻는 방법

인터뷰는 마음을 얻는 일

"다시 문체부에 돌아가 직원들 얼굴을 보면 울어버릴 것 같아요."

박근혜 전 대통령이 '나쁜 사람'으로 찍은 노태강 전 문화체육관광부 체육국장이 문재인 정부의 문체부 2차관에 임명되고서 내게 한 말이다. 이 말은 그대로 이날 기사 제목으로 올라갔고 여러 언론에서 인용했다. "울어버릴 것 같다"는 한마디를 이끌어 내기까지 그에게 각고의 노력을 들였다.

노태강 차관은 국정농단 사건에서 최순실씨의 딸 정유라 씨가 승마로 특혜를 받는 일을 막다가 박근혜 전 대통령에게 찍혀서 좌천된 인물이다. 30년간 체육행정을 해 온 그는 국립중앙박물관으로 문책성 인사이동을 당했다. 여기서 그치지 않고 박 전 대통령이 "그 사람 아직도 있어요?"라고 질타하자 노 차관은 쫓겨나듯 공직을 떠났다.

2017년 4월 11일 노 차관은 서울중앙지방법원에 국정농단 사건 재판의 증인으로 출석했다. 2시간가량 정유라씨의 승마 특혜에 대해 설명했고, 최순실씨가 흥분해 노 차관에게 따졌지만 침착하게 대응했다. 잠깐 쉬는 시간이 주어졌을 때 노 차관이 가는 길을 따라갔다. 이미 검찰 수사가 마무리 되고 사건이 법원으로 넘어가면서 취재 열기는 시들했었다. 노 차관을 따라가는 기자는 나뿐이었다.

그는 법원 내 흡연구역에 가서 담배를 한 모금 피웠다. 잠시 기다렸다가 인사를 하고 오늘 증언대에 선 감회를 물었다. "최씨 변호인의 반대신문을 받다가 지난 일이 생각나 울컥한 적이 여러 번 있었습니다. 흥분하면 지는 거라고 생각해 차분하게 말하려 노력했습니다." 그에게 증언을 마친 뒤 근처에서 인터뷰를 해줄 수 있는지 물었다. 그는 흔쾌히 승낙했다.

법정을 나선 뒤 교대역 근처의 조용한 카페에서 그와 한 시간 가량 인터뷰를 했다. 이미 많이 알려진 내용이라 더 새로울 것은 없었지만, 노 차관은 마음 속에 맺힌 이야기를 누군가가 들어주길 바랐던 거 같았다. 그는 문체부 이야기를 할 때 종종 울컥 하면서 목이 멨다. 평생을 몸 담아온 조직에 대한 사랑이 느껴졌다.

6월 9일 청와대에선 문체부 2차관으로 노태강 전 국장을 임명했다. 발표가 나자마자 노 차관에게 전화를 걸었다.

Q. 축하드립니다. 발표 전 청와대로부터 연락은 받으셨나요?
A. "여러 곳에서 축하해 주고 있는데 아직 정식으로 연락 받은 것은 없습니다."

Q. 소감이 어떠십니까?
A. "저도 뉴스를 보고 소식을 들었는데요. 믿기지 않습니다. 얼떨떨합니다."

Q. 문체부에 돌아가시면 할 일이 많을 것 같습니다.
A. "아직 구체적으로 말씀드리기 조심스럽습니다. 장관님이 새로 임명되면 정책 의지를 잘 받들고 열심히 하겠습니다."

여기서 전화를 끊기엔 아쉬웠다. 전화를 하나마나 한 형식적인 질문과 답변이었다. 그래서 앞서 노 차관을 인터뷰했을 때를 떠올려 마지막 질문을 했다.

Q. 문체부에 돌아가시면 사랑하는 동료, 직원들, 체육인과 다시 일 하시겠네요. 다시 회사에서 서로 얼굴을 보면 어떨 것 같으세요?

A. "다시 문체부에 돌아가 직원들 얼굴을 보면 울어버릴 것 같아요."

가슴이 뜨거운 '나쁜 사람' 노태강 차관에 맞춤형 질문이었다. 취재원과 인터뷰하기 전 보통 어떤 내용을 질문할지 미리 정리하는데, 여기에 인물 맞춤형으로 각색을 한 번 더하면 훨씬 효과적이다. 현장에서 상대방의 말 하는 습관이나 성향을 파악해서 즉석으로 바꾸기도 한다.

인터뷰는 질문과 답변이 전부가 아니라 상대방의 마음을 얻는 일이기 때문이다. 인터뷰 기사를 돋보이게 하는 한 끗 차이는 정보 전달이 아닌 감정의 전달이다.

노 차관과의 전화 인터뷰 이후에 취재 대상을 끝까지 따라다니는 습관도 생겼다. 스포트라이트가 켜져 있을 때는 준비된 말만 하던 취재원이 무대 뒤에서 진짜 속마음을 내비치는 경우가 종종 있기 때문이다.

17

가계부 안 쓰면 과태료 물린다는 통계청

제보는 시민의 눈높이에서 듣자

2018년 12월 JTBC 제보게시판에 "통계청 직원이 가계부를 써서 제출하지 않으면 과태료를 물리겠다고 통보 합니다"라는 글이 올라왔다. 처음엔 말이 되지 않는다고 생각해서 그냥 지나쳤다. 통계청 조사원이 정보 수집 실적을 높이기 위해 한 실언이거나, 제보자가 뭔가 착각했다고 생각했다. 그런데 뒤돌아서 곱씹어보니 이게 사실이라면 큰 문제가 될 수도 있겠다는 생각이 들었다.

2018년 문재인 정부는 소득주도성장을 추진하고 있었다. 소득주도성장은 최저임금을 높이고 정부 지원금 등을 늘려서 가계 소득이 늘면 그만큼 소비가 늘어서 경제가 성장한다는 문재인 정부의 초기 경제 정책이었다.

이 가계 소득이 늘어났는지 아니면 줄어들었는지 조사하는 게 통계청의 가계동향조사다. 그런데 2018년엔 하위 20%의 소득이 세 분기 연속 줄어든 것으로 조사 결과가 나왔다. 이러자 야당에선 문재인 정부의 소득주도성장이 효과가 없다고 지적했다. 그런데 이 시점에 문재인 정부는 통계청장을 교체했다. 야당은 문재인 정부가 통계청장을 바꿔서 원하는 경제 성장 수치를 얻으려는 것 아니냐고 비판했다. 이런 시기라 통계청 관련 제보라면 확인해볼 필요가 있었다.

통계법을 찾아보니 국가통계조사에 응답하지 않으면 과태료를 부과하는 규정이 있긴 했다. 통계청 조사원의 말이 완전히 허언은 아니었던 것이다. 그런데 매출을 숨기려 하는 기업을 처벌하기 위해서 부과한 적은 있어도 개인에게 매긴 적은 단 한 번도 없었다.

제보자를 직접 만나보니 김모 씨는 맞벌이를 하는 회사원이었다. 어느 날 통계청 조사원이 찾아오더니 새해부터 매일 가계부를 써서 한 달에 한 번씩 제출하라고 통보했다고 한다. 김씨가 해보니 하루에 약 1시간씩 걸리는 번거로운 일이었다. 요즘 카드 사용 내역은 문자메시지나 이메일로 받는데, 손으로 가계부를 쓰고 일일이 영수증도 붙여야 했기 때문이다. 김씨는 조사원에게 못하겠다고 말 했지만, "거부하면 과태료 대상이다"는 통보에 울며 겨자 먹기로 매일 하고 있다고 말하면서 분통을 터뜨렸다.

제보자의 눈높이에서 생각해보니, 국가 통계 조사를 위해 내가 매일 저녁 1시간씩을 써야 한다고 생각하면 정말 화가 날 것 같았다. 이렇게 강제로 숙제처럼 하게 되면 정확하게 기록하지 않게 되고, 미뤄뒀다가 한꺼번에 대충 적어서 낼 가능성도 높았다. 이런 결과물이라면 신뢰도가 높지 않을 텐데 국가 경제 정책을 결정할 때 기초가 되는 통계로 쌓인다는 게 가장 큰 문제였다.

통계청에 왜 이런 강제적인 방법을 쓰게 됐는지 물어봤다. "조사 대상자들이 응답을 거부하는 비율이 매년 높아져서 그동안 안 하던 강제 수단을 쓰기로 했다"는 대답이 돌아왔다. 하지만 통계 조사의 응답률을 높이려면 조사 대상자가 응답을 하기 좋게 혜택을 더 크게 주거나, 손으로 영수증을 붙이는 일이 없도록 전산화를 먼저 했어야 했다.

이를 비판하는 기사가 나간 뒤 시민들이 엄청나게 공감을 했고, 이튿날 문재인 대통령은 공개적으로 이 문제를 거론하면서 "시대에 뒤떨어진 행정조치다. 강압적인 방법은 채택해서는 안 된다"고 말했다. 뒤이어 신임 통계청장도 이 문제를 사과하면서 앞으로 강제적인 방법을 사용하지 않겠다고 약속했다.

제보자 김모 씨처럼 강제적인 조사를 요구받은 시민은 7200가구나 됐다. 용감한 제보자 김모 씨의 분노를 그의 눈높이에서 듣지 않고 흘렸다면, 이들은 매일 밤 1시간씩 영수증을 가계부에 붙이며 화내고 있었을 것이다.

18

도널드 트럼프 대통령이 말한 두 번째 한국 기업은?

통역과 번역에 의존하는 국제뉴스

2019년 6월 한국에 방문한 도널드 트럼프 미국 대통령은 방한 이틀째 첫 일정으로 숙소인 서울의 한 호텔에서 경제인 간담회를 열었다. 이 자리에는 국내 주요 기업 총수들이 참석했고, 트럼프 대통령은 예상대로 이들에게 적극적인 미국 투자를 요청했다. 그러면서 신동빈 롯데그룹 회장을 가리키며 "미국에 3조 6000억 원 투자를 약속했다"고 치켜세웠다. 이날 여러 언론에서 "롯데그룹에 각별한 애정 보인 트럼프"라는 내용의 기사가 줄줄이 쏟아졌다.

그런데 현장 영상을 직접 보니 트럼프 대통령이 애정을 표현한 한국 기업은 두 군데가 더 있었다. 그런데 동시통역사가 급히 통역을 하느라 세 기업 중 두 곳은 생략하고 롯데만 언급을 한 것이다. 전체적인 뜻을 급하게 전달하는 과정에서 생긴 누락이었다.

결정적인 문제는 한국 기자들에게 있었다. 트럼프 대통령의 말을 다시 들어보지 않고 동시통역사의 말만 받아서 옮겨 적은 것이었다. 나중에 이 두 기업 관계자에게 물어보니 "미국에 큰 투자를 하고 트럼프 대통령이 언급을 했는데도 기사가 나오지 않아서 아쉬웠다. 스스로 해명자료를 만드는 것도 '웃픈' 상황이라 하지 않았다"고 말했다.

한국 기자들이 외신을 잘못 번역해서 오보를 내는 경우가 자주 있지만, 이처럼 번역이나 통역을 그대로 받아쓰고 원문을 확인하지 않으면서 생기는 오류도 잦다. 국제부 기자를 하려면 반드시 원어민 수준으로 외국어를 잘 해야 하는 것은 아니지만, 최소한 원문을 확인하고 오류가 없는지 검증하는 절차만큼은 지켜야 한다.

19

자고 있던 김기춘을 깨운 조윤선의 반격

다 같이 보고 있어도 나만 쓸 수 있는 기사가 있다

2017년 6월 서울중앙지방법원에서는 국정농단 사건의 한 갈래인 블랙리스트 재판이 한창이었다. 문화예술계 블랙리스트 사건은 박근혜 정부 때 청와대와 문화체육관광부가 진보 성향의 문화예술계 인사를 감시하고 보복하는 등 직권남용을 한 일을 일컫는다. 당시 김기춘 청와대 비서실장과 조윤선 문체부 장관이 이런 혐의로 구속돼 재판에 넘겨진 상태였다.

6월 30일 열린 재판도 여러 차례 이어진 통상적인 블랙리스트 재판의 연속이었다. 기자들은 방청석에서 열심히 키보드를 두드리면서 오가는 말들을 받아 적었다.

오전 10시부터 재판이 시작했는데 이날도 김 전 실장은 의자에 앉아서 눈을 감고 자고 있었다. 그는 나이가 많고 건강이 좋지 않아 재판 때 주로 눈을 감고 휴식을 취해왔다.

반대로 조윤선 전 장관은 자리에서 부지런히 움직이며 자신에 대한 피고인 신문을 준비했다. 몇 장의 서류를 꼼꼼히 읽고 볼펜으로 수시로 메모를 했다. 옆에 앉은 변호인과 상의도 여러 차례 하더니, 오후 3시를 넘겨서는 팔짱을 끼고 앉아 미소를 보였다.

이날 재판에 들어가기 전에 특검팀 한 관계자는 "조윤선 전 장관이 눈물로 호소할 가능성이 크다"고 예상했다. 하지만 조 전 장관은 정반대로 반격에 나섰다. 그는 "블랙리스트의 존재를 알지 못했다"면서 특검의 질문을 조목조목 반박했다. 특검팀의 질문이 모호할 땐 오히려 구체적인 시점과 상황이 어땠는지 되묻기도 했다.

그러자 이날 재판 내내 자고 있던 김 전 실장이 눈을 떴다. 의자에 기대 앉아 있던 자세도 고쳐 잡고 조 전 장관의 대답을 지켜봤다. 신문을 준비하는 조 전 장관의 모습과 깨어난 김 전 실장의 모습은 다른 기자들도 모두 봤지만 지나쳤던 장면이다. 내 눈엔 이날 법정에서 나온 어떤 발언들보다 가장 흥미롭고 핵심적인 장면이었다.

　　<자고 있던 김기춘도 깨운 조윤선의 반격>이란 제목의 기사는 이날 이 재판을 기록한 기사들 중 가장 많은 조회 수와 댓글 수를 기록했다. 매일매일 돌아가는 지루한 재판에서도 남들은 놓칠 수 있는 그날만 보이는 모습이 있을 수 있다. 이런 모습을 포착해 의미를 부여하는 게 많이 읽히는 기사를 쓰는 비법 중 하나이다.

20

"정치인은 밥 먹듯이 거짓말을 한다"는 말의 진실

정치인의 말은 무조건 의심해라

2021년 중앙일보 정치부로 인사 이동을 했을 때, 국회 반장인 L선배는 오리엔테이션을 해주면서 "다른 출입처와 국회가 다른 점은 이곳 사람들은 거짓말을 밥 먹듯이 한다는 거다. 정치인의 말은 무조건 의심해봐야 한다"고 말했다.

정치부에서 취재를 해보니 이 말은 사실이었다. 시민들이 국회의원은 정직하지 못하다고 손가락질을 많이 하는데, 실제로 정치인들 중에 자신의 정치적 이익을 위해 거짓말을 서슴없이 하는 사람들이 많다.

여기서 거짓말은 두 종류가 있다. "그날 A를 만났냐"고 물었을 때, 만나고서도 "아니다"고 답하는 명시적 거짓말이 있고, "기억이 안 난다"고 모호하게 대답해서 나중에 거짓말이 드러나도 빠져나갈 여지를 만드는 묵시적 거짓말이 있다. 밥 먹듯이 한다는 거짓말은 주로 묵시적 거짓말에 해당한다.

2021년 1월 여당인 더불어민주당은 코로나19의 유행으로 경제적 불평등이 갈수록 심해지자 '코로나 이익공유제'를 시행하자고 제안했다. 코로나19 유행 시기에 이익을 본 기업이 피해를 본 기업에게 이익을 나누자는 취지였다.

야당은 자본주의 사회에서 말도 안 되는 정책이라고 비판했다. 그러자 민주당은 "자본주의 선진국인 미국의 보잉, 영국의 롤스로이스, 일본의 도요타도 이익공유제를 이미 시행해서 성과를 거뒀다"고 반박했다.

논쟁 중에 해외 사례를 줄줄 읊으면 뭔가 유식해보이고 당장 확인이 불가능하니 일단 말문이 막히기 마련이다. 이때 정치부 기자라면 이 사례가 정말 맞는 말인지 검증을 해봐야 한다. 정치인들은 종종 정치적 이익을 위해 잘 맞지도 않는 해외 사례나 어려운 개념을 아전인수격으로 가져다 쓰기 때문이다.

역시나 민주당의 주장은 반절만 맞는 얘기였다. 민주당이 사례로 든 롤스로이스의 사례는 '위험－수익 공유파트너십'이었다. 이익만 공유하는 게 아니라 위험도 나눠야 하는데 위험은 쏙 빼놓고 인용한 것이다. 미국 보잉사의 경우도 이익공유라기 보다는 투자나 연구·개발 개념에 가까워서 코로나 이익공유제와는 전혀 결이 달랐다.

　　이런 내용을 지적해 기사를 썼더니 민주당은 발끈했다. "해외사례를 왜곡하거나 꼼수를 쓴 게 아니다. 위험도 당연히 공유하는 것인데 이것을 생략했다고 왜곡이라고 보도한 것은 유감"이라고 말했다. 이익과 위험을 모두 공유하는 개념인데 이익만 부각하고 위험은 숨긴 게 거짓말이 아니라니, 정말 유감이다.

Chapter 04
쓰다

21

서술어에 밑줄을 치면 기자가 숨겨둔 의도가 보인다

기자답게 기사를 쓰기 위해 처음에 했던 연습이 서술어에 밑줄 치기다. 사람들에게 방송기자나 아나운서를 따라해 보라고 하면 "현장에 나가있는 송승환 기자를 연결합니다" 같은 상투적인 표현과 특유의 억양을 따라한다.

신문 기사도 마찬가지다. 신문 기사는 주어와 서술어만 따라 써도 일단 그럴듯해 보인다. 수습기자 시절 신문을 펼쳐놓고 기사의 주어와 서술어를 형광펜으로 색칠하면서 노트북 메모장 한 편에 적어두기도 했다.

아래 기사는 2016년 8월 25일 중앙일보 12면에 실린 내 기사다. 당시 1진 선배인 현일훈 기자와 함께 취재해 썼다. 스트레이트 기사에 사용한 서술어에 어떤 의도가 있었는지 살펴보자.

> ### <박수환, 민유성 친분 미끼…금호그룹서 10억 챙겼다>
>
> 홍보대행업체 뉴스커뮤니케이션즈 박수환(58·여) 대표가 금호아시아나그룹을 상대로 "산업은행 민유성 행장에게 잘 말해 주겠다"며 홍보비 명목으로 10억원가량을 받아 챙긴 단서를 <u>검찰이 확보했다.</u> (행위 주체가 검찰이라는 점을 강조)
>
> 이에 따라 <u>대검찰청 부패범죄특별수사단(단장 김기동 검사장)은</u> 24일 박 대표에 대해 사전구속영장을 청구하면서 변호사법 위반 혐의 외에 특정경제범죄가중처벌법상 사기 혐의도 적용했다.
>
> <u>검찰과 업계 등에 따르면</u> 박 대표는 2008~2011년 자금난으로 유동성 위기에 빠져 있던 금호그룹이 산업은행(채권단 대주주)으로부터 '경영 정상화'에 대한 압박을 받자 금호그룹 측에 "내가 민유성 행장과 친하다. 금호그룹의 사정에 대해 잘 말해 줄 테니 대신 우리와 홍보 계약을 체결하자"고 접근해 총 30억원짜리 홍보 계약을 <u>따냈다고 한다.</u> (범죄 혐의에 대해 기자가 직접 서술하지 않고 검찰과 업계의 입을 통해 전달한다.)

하지만 이 시기는 산업은행이 이미 금호그룹에 대한 '처리 방침'을 확정한 상태였다는 게 검찰의 판단이다. 결국 민전 행장에 대한 박 대표의 로비가 무산되자 금호그룹도 홍보비(중도금·잔금) 지급을 중단했다고 한다. 업계 관계자는 "당시 금호그룹이 계약금 및 선금 형태로 10억원을 이미 지급한 상태였다"며 "이 금액이 사기 혐의에 포함된 것으로 안다"고 전했다. (단 한 번도 기자가 단정적으로 서술하지 않는다.)

검찰은 또 박 대표가 남상태(66·구속 기소) 전 대우조선 사장의 연임을 위해 로비스트 역할을 한 정황도 파악했다. 소규모 홍보대행사인 박 대표의 뉴스컴은 그 대가로 남전 사장 재임 때인 2009~2011년 총 26억원의 홍보 계약을 따낸 것으로 검찰은 보고 있다. 이 부분에 대해 검찰은 변호사법 위반 혐의를 적용했다. (수사 단계에서 유죄추정을 해선 안 된다. 혐의, 의혹, 정황 등으로 표현해야 한다.)

검찰에 따르면 박 대표는 주요 기업을 상대로 일감을 수주할 때 민 전 행장은 물론 검찰 고위 간부 K씨, 유력 언론사 간부 S씨 등과 친분이 두터운 사이라는 점을 공공연히 과시했다. 검찰은 박 대표가 홍보 업무 범위를 넘어 론스타와 외환은행 간 분쟁, 효성가 형제 간 분쟁, 옛 삼성물산과 제일모직 합병을 둘러싼 미국계 헤지펀드 엘리엇매니지먼트와 삼성그룹 간 분쟁 과정 등에서 '송사 컨설팅'을 한 정황도 포착했다. 박 대표에 대한 구속 여부는 26일 서울중앙지법의 구속 전 피의자 심문(영장실질심사)을 거쳐 결정된다.

현일훈·송승환 기자

전형적인 검찰 스트레이트 기사다. 주어는 검찰에 집중됐다. 기자의 판단을 적는 게 아니라 검찰의 말을 전하는 기사다. 단정적 서술어도 전혀 없다.

(※ 최근 검찰의 말을 받아 적는 '검찰 스트레이트' 기사의 문제점이 많은 지적을 받으면서 이런 형식의 기사는 지양하는 추세이지만 여전히 스트레이트 기사는 기사 쓰기 연습을 할 때 기초가 되는 좋은 교본이다.)

여러 기사의 서술어를 자세히 보면 '했다', '했다고 한다', '말했다', '주장했다', '전했다', '전해졌다', '알려졌다' 등이 자주 등장한다. 단정적 표현에 가까울수록 사실 확인이 잘 됐다는 의미이고, 간접적 표현을 쓸수록 아직 확인 단계에 있다는 뜻이다. 중앙일보에서는 '전해졌다'와 '알려졌다'처럼 추측성 서술어를 쓸 수밖에 없는 취재 단계라면 이 내용을 아예 기사에 담지 않기로 돼 있다.

서술어가 '했다'처럼 단정적으로 끝나는 문장이 많은 기사일수록 잘 취재된 기사라고 볼 수 있다. 하지만 취재가 제대로 되지도 않았는데 모든 내용을 단정적으로 쓰는 건 위험한 기사다.

독자가 기사를 읽을 때 이런 점을 알고 서술어에 집중하면 기자의 의도를 파악할 수 있다. 기자를 준비하는 연습생의 경우 이처럼 자주 쓰는 주어와 서술어를 따라하면 금방 기사 문장 쓰기를 배울 수 있다.

22

박근혜 대통령 대면조사 날짜를
알고도 보도를 안 했다면

보도의 제1 원칙: "알면 알린다"

박영수 특검팀의 국정농단 수사는 박근혜 대통령에 대한 대면 조사를 앞두고 절정에 달하고 있었다. 현직인 박 대통령을 어떻게 조사할지를 두고 청와대와 특검팀의 신경전은 굉장히 팽팽했다. 2017년 2월 10일 전후로 조사할 거라고 알려졌지만 정확히 언제, 어디서 할지가 초미의 관심사였다.

그런데 2월 7일 저녁 한 방송사 8시 뉴스에서 <[단독] 대통령 대면조사 9일…靑 비서실서 조사>라는 기사를 내보냈다. 청와대는 즉각 반발했다. 특검팀이 수사 상황을 외부에 유출한 것이라면서 대면조사를 받지 않겠다고 거부했다. 결국 특검팀은 박 대통령에 대한 대면 조사를 하지 못한 채 수사 기간이 종료됐다.

이 보도는 기자들 사이에서 상당한 논란이 됐다. 일부 기자들은 "대면조사 날짜를 알았더라도 수사 진행에 영향을 주는 보도는 미뤘어야 했다"고 비판했다. 실제로 기자들 사이에는 수사기관의 압수수색 날짜와 장소를 미리 알아도 압수수색 집행이 시작되기 전까지 보도를 미루는 관행이 있다. 보도를 미리하면 피의자가 증거를 인멸할 수 있기 때문이다.

이것처럼 대면조사 날짜를 알았더라도 그것의 성사에 영향을 미칠 수 있는 보도는 신중해야 한다는 목소리가 나왔다. 당시 특검팀의 수사가 잘 되길 바라는 여론이 컸던 상황이라 이런 목소리는 더 힘을 받았다.

하지만 보도의 결과를 예측해서 기사를 내보낼지 말지를 판단하면 언론이 매개자(미디어)가 아닌 행위자가 된다는 반론도 있었다. 쉽게 말해 축구 경기에서 심판 또는 해설자가 경기에 개입해 선수처럼 뛰거나 편파 판정을 할 수 있다는 우려다.

나는 당시 후자를 주장했고 지금도 마찬가지 입장을 가지고 있다. 언론의 최종 역할은 매개자이자 전달자이다. 언론은 현장에서 행위자들이 만들어내는 일들을 왜곡 없이 시민들에게 전달해주는 연결 통로다. 그런데 보도에 따른 결과를 예측해서 보도하거나 하지 않을 수 있다면 시민들이 전달받는 뉴스는 언제나 왜곡될 가능성이 있다. 언론이 때때로 뉴스를 감추고 왜곡할 수 있다고 생각한다면 시민들은 뉴스를 신뢰할 수 없다.

그래서 내가 생각하는 보도의 제1 원칙은 "알면 알려야 한다"는 것이다. 아는 내용은 반드시 알리겠다는 원칙을 공개적으로 밝히고, 그걸 지키는 모습을 반복적으로 보여줄 때, 시민들은 비로소 언론이 무언가를 숨기고 있는지 의심하지 않고 믿고 볼 것이다.

수사 결과에 영향을 줄 수 있는 보도를 '예외적으로' 자제할 수 있다는 주장에는 동의한다. 압수수색을 하기도 전에 계획을 언론이 먼저 공개하면 증거인멸이 일어날 수 있다는 것은 명백히 예측할 수 있는 보도의 부작용이다. 하지만 이런 엠바고(보도 유예)는 예외적으로 사안마다 판단해야 할 일이지 모든 사건에 일괄적으로 적용할 것은 아니다. '알면 알린다'는 게 보도의 원칙이고 엠바고는 예외적인 경우인데, 거꾸로 엠바고를 원칙으로 여기고 '알면 알린다'를 옵션으로 생각해선 안 된다는 것이다. (마치 엠바고 준수가 제1 보도 원칙인 것처럼 생각하는 기자들이 많다.)

박 대통령에 대한 대면 조사는 특검팀에서 하지 못했지만 결국 이 수사를 이어받은 검찰이 성사시켰다. 당시 "수사가 망할 것"을 우려해 보도를 유예해야 했다고 주장하는 목소리가 많았지만, 결과적으로 수사는 검찰의 뜻대로 마무리가 됐고 박 대통령은 구속됐다.

현장에선 "수사는 생물과 같다"는 말을 자주 쓴다. 어떤 원인이 어떤 결과를 최종적으로 이끌어낼지는 예측할 수 없단 뜻이다. 그러니 언론은 기사에 따른 결과를 예측해 보도 여부를 결정해선 안 되고, 할 수도 없다. "알면 알린다"는 원칙을 지킨다는 신호를 시민들에게 주는 것이 언론이 장기적으로 신뢰받을 수 있는 방법이다.

23

복잡한 글보다 강력한 그래픽 한 장

기사는 기자에게, 그래픽은 디자이너에게

정치부 기자의 중요한 능력 중 하나는 정치인의 인간관계 파악이다. 정치는 혼자 할 수 있는 일이 거의 없기 때문에 어떤 정치인이 평소 누구와 친하고, 아이디어를 공유하고, 조력을 받는지 아는 것은 매우 중요하다. 게다가 거물급 정치인이 될수록 직접 대면이나 전화 통화가 어려워지기 때문에 그의 생각을 가까운 주변 사람들에게 듣는 게 필요하다. 주변에 누가 있는지를 알면 그 정치인을 알 수 있다고 말해도 과언이 아닐 정도다.

대통령 선거를 한 해 앞둔 2021년 초 더불어민주당에선 이재명 경기도지사의 돌풍이 거셌다. 새해에 실시한 차기 대선 후보 여론조사에서 지지율 1위를 차지했고, 경쟁자인 이낙연 민주당 대표와 격차도 10% 포인트가 넘게 벌어졌다. 성남시장을 거쳐서 경기도지사를 하고 있는 이 지사는 민주당에서 변방 장수 정도로 여겨졌는데, 어느새 유력한 다음 대통령 후보로 거론되고 있는 것이다.

이런 흐름 속에서 이재명 지사의 지지율 고공행진을 분석하는 기사를 정치부 선배 오현석 기자와 쓰게 됐다. 여론조사 전문가, 정치 컨설턴트들을 인터뷰해서 이 지사의 강점·약점·기회·위협(SWOT)을 분석했다. 3000자가 넘는 긴 기사였다.

이 기사의 화룡점정은 '이재명의 사람들'이란 제목의 그래픽이었다. 이 지사 주변에 어떤 사람들이 있고, 어떻게 분류가 되고, 어떤 역할을 하는지 보여주는 이 그래픽 한 장으로 이 지사의 강점과 약점이 모두 해석될 수 있었다. 한 정치평론가는 "이 그래픽을 출력해서 수첩에 붙여놨다"고 연락을 하기도 했다.

신문 기사뿐 아니라 방송 기사도 마찬가지다. 복잡하고 어려운 기사를 풀어낼 때 문장을 쉽게 잘 쓰는 것도 중요하지만, 그래픽(CG) 하나를 잘 제작하는 게 훨씬 더 시청자에게 도움이 될 때가 많다. 이런 그래픽은 종종 캡처돼 인터넷에서 '짤'로 돌아다니기도 한다. 이건 굉장히 영광스러운 일인데, 기사의 핵심이 그 그래픽 한 장에 모두 담겨 있을 정도로 잘 만들었단 뜻이다.

그런데 많은 기자들이 취재와 기사 작성을 공들여 해놓고 그래픽은 대충 만드는 경향이 있다. 기사를 다 써놓고 뒤늦게 그래픽을 허겁지겁 그려서 제작을 맡기니 차라리 없어도 될 정도로 품질이 낮은 그래픽이 붙기도 한다.

반대로 취재를 열심히 한 기자가 지나친 욕심을 부려서 그래픽에 너무 많은 내용을 담는 경우도 있다. 언론사에선 그래픽에 들어갈 내용을 최대한 간결하게 줄이려는 그래픽팀 디자이너와 욕심 많은 취재 기자가 싸우는 모습을 자주 볼 수 있다. 취재하고 기사 쓰는 게 기자의 전문 분야이듯, 그래픽을 구성하는 건 그래픽팀 디자이너가 전문가다. 양보할 수 없는 핵심 내용을 빼고는 그래픽팀의 의견을 따르는 게 경험상 대부분 결과물이 좋았다.

24

단독 취재를 하고도 부장에게 크게 혼났던 이유

있는 그대로만 써라

2018년 8월 중앙일보 편집국에서 JTBC 보도국으로 인사이동을 한 뒤, 빨리 좋은 기사를 발제해야겠다는 조바심이 있을 때였다. 중앙일보 정치팀에서 국회를 출입하면서 취재해온 아이템이 뒤늦게 완성돼 마침내 단독 발제를 하게 됐다. 국회 예산정책처장 A씨가 나랏돈으로 외유성 해외 출장을 다녀온 의혹을 고발하는 내용이었다.

A씨는 세금 2600만 원을 들여서 1주일 동안 해외출장을 다녀왔는데, 호텔에서 밥 먹은 것을 업무보고로 둔갑시켰다. 더 찾아보니 국회 예산정책처 직원들이 해외 공기업 시찰을 나간다는 명목으로 해외출장을 다녀온 뒤 출장보고서는 다른

자료를 베껴서 대충 낸 경우도 다수 발견됐다.

이런 증거를 모아서 A씨가 얼마나 부도덕한 짓을 했는지 온 힘을 다해 표현해 기사를 작성한 뒤 부장에게 보여줬다. 그리고 부장에게 크게 혼났다. 불필요한 수식 표현을 모두 빼란 지시였다. 당시 C부장은 "정말 나쁜 짓을 한 사람이면 이렇게 몰아가지 않아도, 있는 그대로 사실을 얹어놓기만 해도 누구나 문제라는 걸 알 수 있다. 그게 가장 뼈아픈 기사다"라고 말했다.

다시 기사를 건조하게 썼더니 정말 그의 문제되는 행적이 오히려 더 선명하게 드러났다. 언제 어디에 가서, 무엇을 했고, 어떤 말을 했는지 그저 사실만 서술해 주면 됐다.

취재를 열심히 한 소재일수록 기사를 쓸 때 지나치게 힘을 줘서 쓰는 실수를 기자들은 종종 한다. 그러다보면 추측성 표현, 과장, 가정이 기사에 담기기도 한다. A를 한 뒤 C를 했다는 사실을 확인했는데, 중간에 B도 당연히 했을 것처럼 쓰는 것이다. 그런데 실제로 취재를 해보면 사람들은 그렇게 합리적으로만 행동하진 않는다. A 다음엔 당연히 B를 했을 것 같지만 D나 Z를 하는 경우가 종종 있다.

이 때문에 모르는 사실에 대해선 넘겨짚지 않고 겸손해야만 한다. 겸손한 취재란 모르는 부분을 적극적으로 묻고, 쓸 때는 아는 만큼만 덧붙이지 않고 쓰는 것이다. 이 사건 이후로 "있는 그대로, 겸손하게 쓰기"는 내가 기사를 쓸 때 지키는 중요한 원칙 중 하나가 됐다.

25

우병우 수사하고 '빈손' 결론 낸 검사에게 던진 질문

강자에겐 가장 아프게 써라

2016년 12월 27일 서울중앙지검 회의실에서 윤갑근 검찰 특별수사팀장은 수사팀 해체를 선언했다. 특별수사팀은 우병우 전 청와대 민정수석의 비위 의혹을 수사하기 위해 꾸려져서 검사 11명이 126일 동안 수사했다.

이날 발표한 수사 성과는 한 마디로 '빈손'이었다. 윤 팀장은 "지금까지 철저히, 열심히 수사했다", "아무도 예상하지 못했던 사건들이 추가로 발생했다"며 변명을 계속 이어갔다.

하지만 실패한 수사라는 것은 명백했다. 우 전 수석이 조사를 받은 날 팔짱을 낀 채 창밖을 보며 웃는 모습이 찍힌 사진 한 장으로 이 수사를 모두 요약할 수 있었다. 윤 팀장은 이 사진에 대해서 "저녁을 먹지 않고 오후 9시까지 조사가 진행돼 내가 10분 쉬었다 하라고 메모를 넣은 뒤 찍힌 사진"이라고 해명했다.

이날 브리핑에 참석한 여러 기자들이 수사 성과에 대해 물을 때, 126일 전 윤 팀장이 처음 특별수사팀을 꾸리면서 했던 말이 떠올랐다. 대구고검장이었던 그는 서울에 도착해서 "검사답게 신속하고 엄정히 수사하겠다"고 말했다.

그래서 나는 이 말을 인용해 '검사답게 수사하기로 했는데 빈손인 지금은 어떤 심경인가'를 물었다. 우 팀장은 잠시 말이 없었다. 그리고 이어서 솔직한 대답을 내놨다. "기대했던 것과 달리 의혹을 해소해드릴 수 없는 상황이라 송구스럽고 민망하다." 변명을 이어가던 그였지만 '검사답게' 대답해달라는 질문에까지 변명을 하기엔 자존심이 용납하지 않았던 듯하다. 이 사과는 우병우 전 민정수석을 제대로 수사해주길 기대했던 국민들에 대한 사과였다.

이날 여러 언론사들은 수사 결과가 빈손이라는 내용을 중심으로 썼다. 하지만 나는 윤 팀장의 사과를 앞세워서 썼다.

그가 수사 성과를 내지 못한 것보다, 검사로서 자존심을 지키지 못한 "민망함"이 더 뼈아픈 부분일 것이라고 생각했기 때문이다.

26

나는 보도자료를 보면 광어회가 떠오른다

공급자 관점을 피해라

2019년 3월 김영춘 당시 해양수산부 장관이 자신의 페이스북에서 난데없이 광어 홍보 사진을 올리기 시작했다. 한 홈쇼핑에서 광어회를 반 마리에 8900원에 파는데 택배비도 무료니 많이 주문해달라는 내용이었다.

이렇게 해수부 장관이 광어 판촉에 나선 배경엔 광어값 하락이 있었다. 광어는 전통적인 국민 횟감이다. 그런데 소비자의 입맛이 변하면서 연어나 방어 등 다른 생선을 더 많이 찾자 광어 가격이 30%나 내렸다. 남아도는 광어를 팔기 위해 양식장에서도 가격을 많이 낮췄고, 곧 대형마트에서 할인 행사를 할 거라고 했다.

산업부 기자로서 변화한 소비자 입맛을 소개하고 가격 정보를 전달하는 기사로 이런 내용을 담아 주말 저녁 뉴스에 내보냈다. 그런데 기사를 쓰고 나서 한 달 뒤 부모님 댁에 갔다가 "광어 값은 도대체 언제 내려가냐"는 질문을 받았다. 기사의 댓글과 이메일로도 광어 값이 30%나 내렸다는데 도 대체 왜 식당이나 마트에선 가격이 그대로인지 알아봐달라는 요청이 많았다.

"아차" 싶었다. 대형마트에 가보니 광어 가격은 그대로였 다. 횟집도 마찬가지였다. 공급자 관점에서 보느라 정작 소비 자가 체감하는 가격은 조사해볼 생각을 하지 못한 것이다. 광 어를 많이 팔아주자는 해수부 장관의 홍보를 봤다면 실제로 광어를 싸게 팔고 있는지, 가격이 낮아지지 않았다면 어디서 남겨먹고 있는 건지를 알아봤어야 했다. 광어 양식업계와 그 들의 입장을 대변하는 해수부의 입장만 듣고 쓴 순진한 기사 였다.

그 뒤로 정부 부처에서 내보내는 보도자료는 발제하기 전에 한번 꼬아서 생각해본다. "과연 광어 값이 진짜 내렸 나?"하면서 말이다.

27

실력 있는 기자는 국제노동기구를 보고
손흥민을 떠올린다

알아야 하는 내용을 알고 싶게 써야

2019년 5월 22일 보도된 두 방송 뉴스의 앵커 멘트다.

① "국제노동기구의 핵심 협약 비준을 정부가 추진하기로 했습니다. 당초 사회적 대화를 통해 풀려고 했지만 노·사 양측이 입장 차를 좁히지 못하자 정부가 직접 나선 것입니다. 그런데 법 개정과 맞물려 있어서 국회 비준 과정은 순탄치 않을 것으로 보입니다."

② "이미 군 면제를 받은 손흥민 선수가 군대를 가야 할 수도 있다는 내용의 기사가 오늘 여기저기서 나왔습니다.

정부가 노동권에 대한 몇 가지 기본 규칙을 국제 기준에 맞추기로 하면서 나온 이야기인데, 일단 손흥민 선수가 군대 가야 한다는 뜻은 아니라는 게 정부의 설명입니다. 그럼 뭐가 달라지는 것인지 자세한 내용을 설명해 드리 겠습니다."

전자는 내가 JTBC에서 쓴 기사이다. 지금 다시 읽어봐도 표현이 어렵고 무슨 내용인지 알고 싶지 않게 쓰였다. 후자 는 같은 날 다른 방송사 뉴스에 나온 기사 첫머리이다. 기사 를 마감해놓고 다른 방송사는 어떻게 썼는지 TV를 보다가 심장이 덜컥 내려앉았다. 나는 왜 손흥민 선수를 떠올려서 기사를 흥미롭게 쓰지 못했는지 부끄러움이 몰려왔다.

국제노동기구의 핵심 협약 비준 문제는 노동자의 단결권 과 단체교섭권 등을 보장하는 중요한 내용이다. 하지만 시청 자가 보기엔 어렵고 흥미가 가지 않는 기사다. 이처럼 꼭 알 아야 하는 내용을 알고 싶게 쓰는 게 뉴스의 중요한 역할 중 하나다.

이를 기사의 흡인력이라고 부른다. 흡인력 있는 기사를

쓴다는 것은 중요한 사안을 흥미롭게, 시민의 삶과 관련 있는 일로 인식할 수 있도록 전달하는 것이다. 기사의 흡인력은 디지털 환경에서 더 중요해졌다. 고양이 사진이나 연예인 관련 뉴스가 범람하는 속에서 시민이 꼭 알아야 할 기사가 선택 받기 더 어려워졌기 때문이다.

기사의 주제가 얼마나 심각한지나 중요한지는 시민이 기사를 선택하는 기준에서 상당히 멀어졌다. 심각한 기사일수록 시민의 삶과 관련 있게 어떻게 가공하는지가 더 중요해졌다. 게다가 디지털 플랫폼에서 더 많은 관심을 받을 수 있도록 새로운 기사 포맷도 개발해야 한다.

이 때문에 기자들은 기사를 쓸 때 독자의 시선을 끌 만한 도입부나 형식을 고민하는 데 많은 시간을 쓴다. 많은 기사의 성패가 여기서 갈린다고 해도 과언이 아니다. 특히 이 사례처럼 어렵고 재미없는 주제일수록 기자들의 역량 차이가 적나라하게 드러난다. 시민사회 구성원에게 반드시 알아야 할 내용을 전달할 때는 너무 진지해선 효과적이지가 않다. 저널리즘이 가장 효과적일 때는 심각함과 재미 그 중간에 있을 때라는 점을 어려운 기사를 쓸 때일수록 기억해야 한다.

28

신조어를 잘 쓰면 착한 '제목 낚시'도 가능하다

뻔한 내용을 돋보이게 하는 신조어

2021년 3월 정부와 여당은 코로나19 극복을 위해 19.5조 원이란 역대급 규모의 4차 재난지원금을 지급하기로 했다. 그런데 이렇게 돈을 풀어도 불만이 더 늘어나는 사람들이 있다. 혜택을 못 받는 사람들이다. 천문학적인 돈을 푼다는데 남은 받고 내가 못 받으면 화가 나기 마련이다.

정부는 지원금을 풀 때마다 택시 기사들에게는 돈을 줬지만 전세버스 기사들에겐 안 줬다. 한두 번도 아니고 3번이나 차별이 반복되자 전세버스 기사들은 화가 날만큼 나 있었다.

농민들도 마찬가지였다. 정부는 농민들에게 지원금을 안주면서 "피해 규모를 측정하기 어려워서"라고 말해왔다. 그런데 똑같이 피해 규모를 측정하기 어려운 노점상인들에겐 지원금을 준다고 하니 분노가 폭발했다.

　이런 내용의 정책 기사를 쓰려 하는데, 뭔가 허전하다. 정책 내용과 부작용을 짚는 기사는 재미가 없는 게 문제다. 이대로 썼다간 조회 수가 별로 나오지 않을 게 뻔하다. 알아야 하는 내용을 알고 싶게 써야 하는데 묘안이 떠오르지 않았다.

　차별 받는 분노를 어떻게 흥미롭게 표현할 수 있을지 둘러보니, 요즘 '벼락 거지'라는 말이 유행하고 있었다. '벼락 부자'란 말과 반대로, '벼락 거지'는 정부가 천문학적인 돈을 풀면서 주식, 부동산, 암호화폐 등 자산 가격이 치솟은 결과 자산이 없는 사람이 상대적으로 가난해진 것을 풍자하는 말이다. 여기에 벼락 거지를 변호해줄 심리학 용어도 끌어왔다. '포모(FOMO·Fear Of Missing Out) 증후군'이란 말인데, 대세에서 자신만 소외되고 있단 생각에 불안감을 느끼는 증상이다.

제목을 <"19.5조 푸는데 왜 난 안줘" 지원금으로 번진 '벼락 거지' 분노>라 달았더니, 정책 기사가 이례적으로 엄청난 조회 수를 기록했다. 댓글엔 졸지에 벼락 거지가 된 사람들의 분노가 줄줄이 적혔다. 기사의 반향이 커지면서 정부와 여당은 결국 4차 재난지원금을 받는 대상에 전세버스 기사와 농민을 추가시켰다. 신조어를 잘 이용하면 이렇게 바람직한 방향의 '제목 낚시'도 할 수 있다.

29

'가성비' 최고는 철야 당직 후 쓰는 아침 기사

뉴스 소비 패턴에 맞게 써라

모든 언론사가 가장 취약한 시간대는 새벽이다. 기자도 노동자이기 때문에 퇴근 후엔 밥 먹고 쉬다보면 뉴스를 덜 신경 쓰게 된다. 그래도 기자들은 휴대전화를 계속 들여다보면서 현재 상황을 파악하려고 노력한다. 하지만 잠이 드는 새벽엔 무방비 상태가 된다.

방송국의 경우 새벽에 발생한 사건도 현장에 나가서 영상을 찍고 취재를 해야 한다. 밤새 산불이 났는데 아침에 쓸 그림이 없으면 뉴스를 내보낼 수 없기 때문이다. 이 때문에 방송 기자들은 돌아가면서 철야 당직 근무를 한다. 취재기자 1~2명과 영상기자 1명 등이 회사에서 밤을 새우면서 사건·

사고를 확인한다.

철야 근무자의 또 다른 역할은 아침뉴스를 제작하는 것이다. 대부분 방송사는 시민들의 출근 시간에 맞춰서 아침뉴스를 내보낸다. 대부분 전날 저녁 만들어 놓은 리포트를 다시 틀어주는 경우가 많지만, 밤사이 새로 발생한 사건·사고나 해외 소식은 새로 제작을 한다.

아침뉴스는 필연적으로 품질이 떨어질 수밖에 없다. 새벽에 전화로 취재를 하는 건 상당한 제약이 있고 비몽사몽간에 정신을 차려가면서 기사를 쓰기는 여간 어려운 일이 아니다. 저녁뉴스에 나가는 리포트는 하루 종일 취재와 제작에 공을 들이고 여러 사람이 검토해서 나가는 기사지만, 아침뉴스는 많은 과정이 생략된다.

그런데 아침뉴스는 항상 인터넷에서 높은 조회 수와 댓글 참여가 발생한다. 출근하는 길에 대중교통에서, 출근한 뒤에 본격적으로 일하기 전 뉴스를 보면서 많은 사람들이 하루를 시작하기 때문이다. 마찬가지로 점심 시간, 퇴근 시간에 뉴스 소비량은 급증한다.

이 때문에 중앙일보에선 퇴근시간 이후에 작성된 기사 중 급하게 내보내야 할 게 아닌 기사라면 다음날 아침으로 예약출고를 걸어놓는다. 통계적으로 모두가 잠 잘 준비를 하는 늦은 밤에 기사를 내보내는 것보다 아침에 내보내는 게 훨씬 화제가 되기 때문이다. 마찬가지로 아침에 발생한 사건의 경우 오전 11시쯤 내보내면 오후 2시까지 점심시간의 화제 거리로 소비된다.

이용자의 뉴스 소비 패턴에 맞게 기사를 출고하게 된 배경에는 방문자 분석 통계 시스템이 있다. 앞서 소개한 것처럼 중앙일보에는 뉴스의 소비 경로를 추적하는 통계 시스템 JA(Joongang Analytics)가 있다. 여기에 접속하면 첫 화면에는 오늘 총 조회 수, 네이버·다음·페이스북 등 접속경로별 조회 수, 분당 접속자 수 등이 망라돼 있다. 어느 부서가 얼마나 기사를 생산했는지, 반응이 높은 기사는 무엇인지 등도 상세히 알 수 있다.

내 기사의 성적표도 바로 확인할 수 있다. 기사의 조회 수뿐만 아니라 내 기사를 평균 몇 초 동안, 어디까지 읽고 나갔는지, 내 기사를 본 이용자가 다른 중앙일보 기사는 무엇을 봤는지 등을 알 수 있다.

통계 시스템을 통해 기사의 정량적인 피드백을 확인하고, 다음에 기사를 제작할 때 이 피드백을 참고하는 습관은, 기사의 출고 시간뿐만 아니라 발제 및 기사 작성에도 영향을 미쳤다. 어떤 주제를 발제해야 더 소구력이 있는지, 어떤 내용은 어느 정도 분량으로 써야 할지, 사진이나 영상 자료는 몇 개나 넣어야 하는지 등을 수치로 확인할 수 있기 때문이다.

정량적 평가와 통계 시스템 도입이 가장 늦은 업계 중 하나가 언론사이다. 기사에 대한 평가나 피드백이 대부분 고연차 기자의 감각이나 경험에 의존해왔다. 통계 시스템이 기사를 정교하게 만들고, 한 단계 발전할 수 있도록 돕는 도구라고 생각하고 더 적극적인 도입이 필요하다.

30

뉴스를 안 보면 쉽게 쪼개서 떠먹여주자

중앙일보 '썰리'의 초단문제

썰로 푸는 이슈 정리 '썰리'는 안드로이드 플레이스토어에서 수만 회 다운로드 된 뉴스·시사 애플리케이션이다. 2017년 중앙일보 디지털팀에 카카오 출신 이석우 대표가 오면서 조직을 개편하고 새로 만든 서비스 중 하나다. 당시 사회부에 있던 나는 "디지털 서비스에 관심이 많을 것 같은 젊은 기자"로 차출돼 썰리 서비스 기획에 참여하게 됐다.

당시 썰리팀의 문제의식은 2030세대가 텍스트 뉴스를 잘 보지 않고, 읽더라도 제대로 이해하지 못한다는 것이었다. 당시 이에 대한 대안으로 카드뉴스, 짧은 영상뉴스 등이 많이 나왔지만, 텍스트 뉴스의 대안은 없었다.

썰리팀이 제안한 문제 해결 방식은 텍스트의 문법을 파괴하는 것이었다. 당시 기획자였던 테드와 스티브(중앙일보 디지털팀은 수평적 관계 형성을 위해 영어 이름을 썼다)는 2030세대가 카카오톡, 페이스북 메신저 등으로 대화하는 것에서 창안해 대화 형식으로 뉴스를 전달하기로 했다.

콘텐츠 제작을 주로 맡았던 나는 여기에 초단문체를 적용했다. 채팅할 때 한 문장을 다 쓰지 않더라도 의미 단위로 잘라서 전송하는 것처럼 썰리도 의미 단위로 메시지의 줄 바꿈을 했다. 요즘 세대가 독해를 하는 속도에 맞춘 건데 나는 이걸 '초단문체'라고 불렀다. 애초에 단문으로 작성한 기사체를 의미 단위로 한 번 더 쪼갰다는 뜻이다.

이외에도 썰리의 이름부터 대표 색상, 스크롤 속도, 이모티콘 등까지 기획자, 개발자, 디자이너 등이 모두 직접 상의해 결정했다. 월급을 받으면서 스타트업을 경험해볼 수 있는 귀한 시간이었다. 서비스의 큰 방향부터 작은 디테일까지 팀원들이 일일이 챙겼다.

썰리 서비스가 오픈한 뒤 젊은 세대로부터 상당한 입소문을 탔다. 블록체인, 해외직구 등 젊은 세대가 관심 많은 주제의 콘텐츠 조회 수가 높게 나오면서 여러 인터넷 커뮤니티에서 공유됐다. 게다가 썰리팀이 고안한 대화 형식 '초단문체'는 정치·사회 등 어려운 주제를 설명할 때도 효과적이란 것을 확인했다.

썰리는 출시하고 얼마 되지 않아 카카오 1boon 채널에 파트너 페이지가 생기는 등 고공질주를 하면서, 그해 '한국 온라인 저널리즘 어워드'에서 '이머징 미디어'상을 받기도 했다. 다음해 1월 다시 편집국 취재기자로 복귀하면서 썰리의 운영을 끝까지 함께 하지는 못했다. 이후 썰리는 중앙일보의 정책상 이유로 서비스가 정리됐다. 하지만 기획부터 서비스의 시작 그리고 성장하는 모습을 보면서 텍스트 뉴스의 미래를 엿봤다. 썰리팀이 느낀 문제의식과 이를 해결하기 위해 텍스트 문법을 파괴한 해결 방안은 앞으로도 유효할 답안 중 하나일 것이다.

Chapter 05

생각하다

Thought

31

유튜브 받아쓰는 기자와 밥그릇 지키기

저널리즘과 기자의 현실

저널리즘과 기자에 대해서 이야기 하려면 현실 인식부터 제대로 할 필요가 있다. 여전히 시민들은 언론사와 기자가 뉴스 생산을 독점하고 있다고 지적하지만, 반대로 기자들은 그 환경이 아주 빠르게 해체되고 있다는 걸 느끼고 있다.

쉽게 말해서 기자와 언론사가 기사를 안 쓴다고 정보가 돌지 않는 시대는 끝났다. 기자의 경쟁자로 유튜버가 떠올랐고, 포털 네이트의 '판', 청와대 국민청원게시판 등도 있다. 공공기관과 정치인도 더 이상 보도자료에만 의존하지 않는다. SNS를 운영하면서 시민과 직접 소통한다. 국회의원이 자신의 페이스북에 입장을 올리면 기자들이 이를 받아쓰는 일은 이제 일상적이다. 이재명 경기도지사나 홍준표 전 자유한 국당 대표의 페이스북, 도널드 트럼프 전 미국 대통령의 트위터 등은 아예 알림 설정을 해둬야 할 정도로 중요했다.

기성 언론들이 모두 없어지고 유튜브 채널만 남은 상황을 가정해보자. 이미 누군가의 뉴스 환경은 이렇게 변했다. 유시민 작가의 '알릴레오', 홍준표 전 대표의 '홍카콜라' 등 각자의 입맛에 맞는 방송만 골라 듣는 환경이다. 정치인이 시민과 직접 소통하는 환경인데 정보의 유통이 더 투명해지고 균형이 잡혔는지는 의문이 남는다.

2018년 12월 신재민 전 기획재정부 사무관이 정부의 비위 의혹을 폭로했다. 문재인 정부가 기업의 인사에 개입하고, 국채 발행을 강요했다는 충격적인 내용이라 청와대가 발칵 뒤집혔다. 그런데 기자들이 놀란 건 폭로의 방식이었다.

그동안 이런 폭로는 언론사를 통해 시작했다. 어느 날 아침 신문 1면에 폭로 인터뷰 기사가 실리면 그날부터 사실을 확인하는 취재 경쟁이 들어가는 식이다. 그런데 신재민 전 사무관은 어느 언론사와의 기획도 없이 혼자서 유튜브에 이 내용을 녹화해 올렸다. 화제가 되면서 언론들은 폭로 영상 내용을 뒤늦게 받아쓰기 바빴다. 그 뒤 유튜브는 언론사 없이도 폭로를 하는 일반적인 통로가 됐다. 언론사는 과거 폭로를 기획하는 입장에서 유튜브 영상을 보고 받아쓰는 입장이 됐다.

문재인 정부가 만든 청와대 국민청원게시판도 비슷한 역할을 한다. 과거 언론사에 제보하던 시민들은 이제 국민청원게시판에 글을 올린다. 이곳에서 여러 시민의 동의를 받아 노출되는 사연을 기자들이 보고 기사로 옮겨 쓰는 방식이다.

이렇게 더 이상 기자와 언론사를 거치지 않고도 정보가 돌아다닐 수 있게 뉴스 환경은 변했는데 기자들은 어떻게 대응하고 있을까? 아직도 많은 기자와 언론사가 자기 밥그릇을 뺏기지 않으려고만 노력 중이다.

정부 부처에 출입하면 출입기자단이란 게 있다. 출입기자단 소속 기자들이 정부의 보도자료를 먼저 받아서 보도 시점을 정한다. 때론 시민에게 알려야 할 정보가 기자단의 편의를 봐주거나, 정말 어이없는 이유로 늦춰지기도 한다. 이를테면 금요일 오후에 나오는 보도자료는 일찍 퇴근을 해야 하니 주말용이나 다음 주 월요일 아침용으로 바꾸자는 식이다.

이런 악습은 많이 줄어들고 있지만 여전히 많은 출입처에서 출입기자단이 정보 통제권을 쥐기 위해 안간힘을 쓰고 있다.

이런 환경에서 기자와 언론사가 굳이 필요할까? 결론부터 말하자면 아직은 필요하다. 그 이유는 뒤에서 이야기 해 보려 한다.

32

그 많은 기자가 앞으로도 필요해?

취재 경쟁의 참을 수 없는 가벼움

기자가 앞으로도 필요한지 얘기해보려면 '기자는 어떤 일을 하는 사람인가'부터 정의를 해야 한다. 취재 하고 기사 쓰는 게 기자이지만 이는 겉으로 보이는 수단의 관점에서 기자를 설명한 것이다. 달성하려는 목적의 관점에서 볼 때 기자의 역할은 '진실 확인자'와 '의미 부여자'로 나눌 수 있다.

진실 확인자는 사실을 검증해서 알리는 역할을 말한다. 어떤 사건이 터지면 기자들은 사실 확인 경쟁을 하면서 매일 검증된 새 팩트를 쏟아 낸다. 취재한다는 표현은 '사실인지 확인한다'는 의미일 때가 대부분이다.

의미 부여자는 발굴한 사실에 맥락을 넣어서 지식이나 문화로 만드는 일을 한다. 흔히 해설 기사라고 부르는 것들이다. 같은 사실을 두고도 어떻게 의미 부여를 하는지를 보면 그 기자와 언론사의 편집 방향과 품질의 차이를 느낄 수 있다.

사회 모든 곳에서 기자의 진실 확인과 의미 부여 작업은 끊임없이 일어난다. 이를 가장 처음, 극적으로 느낀 곳은 첫 출입처인 검찰청이었다.

검찰을 출입하는 많은 기자들은 한 마디라도 새로운 사실이 확인 되면 [단독]이라고 매시간 기사를 쏟아냈다. 다른 기사들과 딱 한 줄만 다른 이런 기사를 '한 줄 단독'이라고 비아냥대기도 한다. 남들보다 몇 분 먼저 알아내 [단독]을 붙이는 것은 '시간차 단독'이라고 불렀다.

단독 보도를 하는 것을 언론계에서는 은어로 '타 언론사에 물을 먹인다'고 표현한다. 거꾸로 타사의 단독 기사를 재확인해서 받아쓰기를 하는 기자는 '물을 먹었다'고 한다.

검찰청 기자실에서 서로 물을 먹이고 먹고, 이를 정리해서 해설 기사를 쓰는 일을 매일 반복하던 어느 날 도대체 저널리즘은 어디 갔나 싶었다. 공적 가치의 달성이나 시민에 대한 봉사 등 교과서에서 배운 말은 없고 오로지 단독 경쟁에만 빠져서 눈이 충혈 되고 피로에 쩌든 기자들만 보였기 때문이다.

이런 게 기자가 하는 일의 전부라면 미래엔 기자가 없어져도 괜찮겠다고 생각했다. 남들보다 조금 늦게 쓴다고 세상이 달라지나? 사안이 다 정리된 뒤 정확하게 전달해도 되는 걸 굳이 시시각각 경쟁 하는 건 무의미하게 보였다.

회의감을 안고 관성에 따라 일하던 어느 날, 같은 법조팀의 K선배가 실종 됐다. 취재원과 점심을 먹으러 나간다더니 오후 2시까지 전화도 받지 않았다. 오후 3시쯤 만취한 K선배의 전화가 왔다.

"화장실에서 잠깐 전화 걸었어. 오늘 검찰이 '문고리 3인방' 집을 압수수색 했는데 성과가 없었대. 내가 기억을 잃을 것 같으니 네가 확인해서 기사로 써 줘."

문고리 3인방은 박근혜 전 대통령의 최측근이었던 정호성 전 청와대 제1부속비서관, 이재만 총무비서관, 안봉근 국정홍보비서관을 말한다. 이 때는 국정농단 사건의 초기였는데 검찰은 박 전 대통령의 눈치를 보느라 제대로 수사를 못하고 있었다.

전화를 끊고 서울중앙지검의 공보를 담당하는 차장검사에게 전화를 했지만 받지 않았다. 그를 찾아가려 엘리베이터를 탔는데 마침 그 안에서 만났다.

"오늘 문고리 3인방 집을 압수수색 했나요?" 평소처럼 물었는데 당당하던 그가 새내기 기자였던 내 눈을 피하면서 당황하는 모습을 보였다. 이런 모습은 처음 봤다. 방 문 앞까지 쫓아가며 대답을 요구하자 그는 "맞다"고 어렵게 답하고 들어갔다.

검찰 입장에선 임명권자인 대통령의 최측근을 압수수색하는 것이 상당한 부담이었을 것이다. 그런데 집을 뒤져놓고 이렇다 할 증거를 못 찾았다면 이는 숨기고 싶은 일이다. 기자가 확인을 요청하지 않았다면 굳이 알리지 않았을 압수수색인데, 결국 기사로 나가게 됐다.

그때 취재 경쟁의 가치에 대해 새로 생각했다. 기자들이 무한 경쟁을 하는 과정에서 권력에 대한 감시라는 저널리즘의 한 원칙이 자연스럽게 달성된다는 것이다.

　권력 기관은 언제나 시민보다 더 많은 정보를 가지고 있다. 유리한 정보는 공개하고 불리한 건 숨기려 한다. 숨기려던 정보는 기자들의 끊임없는 취재 경쟁으로 새어 나오게 된다. 그 결과물이 단독 기사다. 기자들의 충혈 된 눈은 권력 기관에겐 감시의 눈으로 보일 것이다. 이 때문에 권력자가 함부로 말하거나 행동 하지 못하게 된다.

　마치 아담 스미스의 「국부론」에 나오는 '보이지 않는 손'과 같다고 생각했다. 기자들이 각자의 욕심껏 취재하고 경쟁할 때 공공선이 달성된다는 것이다. 이를 '사상의 자유 시장'이라는 관점에서 볼 수도 있다. 이는 일정한 사상이 경쟁을 통해 살아남을 때 진리를 발견할 수 있다는 생각이다.

　기자들이 모두 단독 보도를 하고 싶단 욕심 때문에 취재를 하는 것은 아니다. 때론 공공선이나 민주주의의 달성을 목적으로 취재를 한다. 주변을 둘러보면 7:3 정도 되는 것 같다. 남들보다 먼저 기사를 쓰고 싶은 경쟁심이 7이다.

33

뉴스와 마라톤은 뿌리가 같다?

저널리즘을 지탱해오고 힘을 실어준 뿌리에는 저널리즘이 민주주의에 기여를 한다는 점이 결정적이었다. 한국기자협회의 윤리강령에도 "자유로운 언론활동을 통해 나라의 민주화에 기여"한다는 표현이 있다. 정치학에서 쓰는 용어를 빌리자면 민주주의의 공고화에 저널리즘이 중요한 역할을 해왔다는 것이다.

여태 저널리즘에 대해 얘기하면서 저널리즘이 무엇인지 제대로 정의도 못했다. 지금까지 말했던 기자가 하는 일이 곧 저널리즘이긴 한데, 교과서에 나오는 저널리즘의 정의를 몇 가지 소개하면 다음과 같다.

> "공적으로 중요하거나 관심사가 되는 현재의 일들을 규칙적으로 생산하고 배포하는 사업 또는 행위"
>
> "발생하는 사건들에 대한 정보와 논평을 널리 퍼져 있는 익명의 수용자에게 정기적으로 알리는 일련의 제도"
>
> "공적으로 중요한 것으로 간주 되는 현재의 일들에 대한 정보와 논평"

각 정의에서 눈여겨 볼 부분은 뒷부분이다. 앞쪽의 수식하는 표현들은 대동소이하다. 그런데 뒷부분을 보면 저널리즘을 '사업 또는 행위', '제도', '정보와 논평'으로 다른 관점에서 정의하고 있다. 기자나 언론사가 하는 행위도, 언론 제도도, 결과물인 정보와 논평 그 자체도 모두 저널리즘이란 것이다. 기자가 하는 일이 곧 저널리즘이란 말이 썩 틀리진 않는 듯하다.

다시 민주주의와 저널리즘의 관계에 대해 이야기 해보자. 인류사에서 근·현대 사회는 민주주의를 단단하게 만드는 시대였다고 해도 과언이 아니다. 그리고 민주주의가 자리를 잡아가는 과정에서 저널리즘도 함께 성장을 했다. 뉴스와 민주주의 그리고 시민 공동체가 뗄 수 없는 관계라는 것은 이제 당연하게 받아들여진다.

여기에 의문을 제기해보고자 한다. 저널리즘은 민주주의를 위한 수단인가? 민주주의를 정치 체제로 사용하지 않는 사회에선 저널리즘이 유지될 수 없는지, 저널리즘이 그 자체로 목적이 될 수 있는지 생각해보자는 것이다.

"저널리즘은 시간과 문화를 넘어서 알고자 하는 욕구 본능이다"라는 주장이 있다. 저널리즘이 민주주의를 위해서 기능하는 건 민주주의 사회에서의 특수한 역할이고, 애초에 저널리즘은 인간의 알고자 하는 욕구에서 생겨났다는 말이다.

아주 오랜 옛날부터 인간은 알아야 생존할 수 있었다. 산 넘어 다른 부족이 무엇을 하고 있는지, 몰래 전쟁 준비를 하는 건 아닌지 모르면 두렵고 불안했다. 고대 그리스와 페르시아의 전쟁 때 마라톤 전투의 유명한 이야기가 있다. 아테네 병사가 승리한 소식을 전달하기 위해 42.195km를 쉬지 않고 뛰어가서 "우리가 이겼다"라고 알리고 죽었다는 내용이다. 이 설화가 사실이든 아니든 간에, 소식을 알리고 싶고, 알고 싶은 원초적인 욕망을 잘 나타내는 이야기다.

이런 알고자 하는 욕구에서 시작한 게 뉴스와 저널리즘이라는 관점이 있다. 욕구 단계의 저널리즘이 인쇄 기술과 민주주의의 발전을 만나면서 제도로 급성장했다는 것이다. 저널리즘이 단순히 민주주의의 수단이었다면 하나의 생명체처럼 지금까지 성장하고 진화하지 못했을 것이다. 또한 저널리즘이 욕구의 수준에서 머물렀다면 사회의 한 기둥인 언론 제도가 되지는 못했을 것이다. 뉴스와 민주주의, 그리고 시민들의 알고자 하는 욕구의 삼각관계는 이처럼 상호보완적이다.

34

기자의 진실 추구는 눈 감고 코끼리 뒷다리 만지기

진실은 N차원의 복잡계

"기자가 진실을 추구해야지!"

뉴스 댓글에서 자주 보이는 시민의 호통이다. 기자가 추구해야 할 목표가 진실인 것은 두말할 나위 없는 사실이다. 그런데 그것을 실천하는 일은 말처럼 쉽지 않다.

진실 추구에 대한 이야기를 할 때 자주 드는 예시가 눈 감고 코끼리 만지기다. 전체 모습이 보이지 않는 채로 다리를 만지면 기둥이라고 말하고, 상아를 만지면 창이라고 말하는 것이다.

기자가 사건을 취재할 때도 마찬가지다. 이 글을 쓰는 시점에서 가장 큰 사건은 LH(한국토지주택공사) 직원의 3기 신도시 땅 투기 의혹이다. 하나씩 의혹들이 사실로 드러나고 있지만 이 사건이 얼마나 클 지, 실체가 무엇인지, 어떻게 전개가 될 지 등 전체 모습을 알고 있는 사람은 아무도 없다.

문제는 그런 한계를 인지하지 못한 상태에서 내가 본 사실이 전부인 것처럼 기사를 쓰면, 코끼리 다리를 만지고 기둥이라고 외치는 것과 같은 기사가 된다는 것이다.

여러 큰 사건의 시작과 마무리 그리고 뒷이야기까지 겪어보니, 진실은 최소 4차원이란 생각이 들었다. 어떤 사건은 10차원이 넘는 복잡계이다. 그 모든 모습을 이해하려면 신이 하늘에서 내려다보지 않는 이상 불가능하다. 그런데 우리는 3차원의 공간에 살면서 2차원의 기사를 쓴다. 그러니 복잡한 진실을 추구하려는 기사는 언제나 불완전하다.

취재가 어려운 것도 진실을 밝히겠다는 불가능한 목표를 달성하기 위해 애쓰기 때문이다. 취재와 기사가 불완전하다는 한계를 알고 진실에 대해 쓰는 것만으로도 벅찬 일이다.

진실의 파편이 공개돼 있다고 해서 진실이 스스로 드러나는 것도 아니다. 2019년 7월 JTBC 탐사팀에 있을 때 국회의원들이 보유한 비상장 주식을 지적하는 기사를 내보냈다. 일반인은 구하기도 어려운 비상장 회사의 주식을 국회의원은 4명 중 1명이 가지고 있었다. 비상장 주식은 국회의원이 재산 신고를 할 때 실제 가치가 아닌 액면가로 신고할 수 있어서 재산을 적게 보이게 할 수 있다.

그런데 국회의원의 재산신고 내역은 누구나 볼 수 있도록 공개된 자료다. 하지만 파편화된 진실을 누군가 모아서 문제제기를 하기 전까지는 수면 아래에 조용히 숨어 있다. 이런 조각들을 모아서 시민들에게 바치는 게 기자가 해야 하는 일이다.

불완전한 기사를 보완하기 위해 기자들이 만든 도구가 있다. 공정성, 균형성, 독립성, 객관성 등 저널리즘의 여러 원칙들이다. 완전한 진실은 알 수 없지만 최선의 진실, 확보할 수 있는 가장 가까운 진실을 보여주기 위해 도입한 개념들이다.

뒤에서 이야기할 저널리즘의 여러 기술(테크닉)들은 진실을 기록하기 위한 도구들의 사용법을 설명한 것이라고 볼 수 있다. 그리고 이 도구들을 사용할 때 어떤 제약들이 있는지, 진실 추구를 방해하는 요소들은 무엇이 있는지도 함께 이야기해 보고자 한다.

35

사망 선고는 의사가 한다. 그럼 기자는?

사실 확인의 저널리즘

2018년 11월 3일 보도국 철야 당번이었던 나는 멍하니 TV를 보다가 속보 자막을 발견했다. "배우 신성일 폐암으로 사망"이란 내용이었다. 당시 저녁 메인뉴스가 진행 중이던 시간이라 문화부 자리로 달려가 이런 내용의 속보가 나왔다고 보고했다. 문화부에선 "이미 처리 중"이라고 했고, 이날 뉴스 말미에 앵커가 이 소식을 전달했다.

하지만 이는 오보였다. 배우 신성일씨는 아직 사망하지 않았었다. 신씨가 위독하자 그의 가족들이 한 병원의 장례식장에 예약을 했는데, 그 사실을 알게 된 한 언론사가 사망했다고 기사를 쓴 것이다. 많은 언론사들이 이 사실을 제대로 확인도 안 하고 허겁지겁 따라서 썼다가 줄줄이 오보를 냈다. 신씨 가족에게 확인 전화를 했을 때 "아직 안 돌아가셨는데요!"라면서 굉장히 불쾌해 했던 일이 아직도 기억난다.

미국 드라마 '뉴스룸'에서도 비슷한 에피소드가 나온다. 하원의원이 총격에 사망했다는 속보가 다른 언론사에서 뜨자, 스튜디오 안에 있던 경영자가 빨리 사망 소식을 따라서 보도하라고 앵커를 재촉한다. 그러자 앵커는 "사람이에요. 사망 선고는 의사가 하는 거지 뉴스가 하는 게 아닙니다"라고 말한다.

그렇다면 뉴스는 어떤 역할을 하는 걸까. 뉴스는 "의사가 사망 선고를 했다"고 전달하는 역할을 해야 한다.

인터넷 뉴스 댓글을 보다 보면 "이것도 기사냐"는 시민의 비판을 자주 본다. 이때 시민이 기사와 기사가 아닌 것을 구별하는 직관적인 기준은 뭘까. 사실 확인을 제대로 했는지 여부이다. 사실 확인조차 갖춰지지 않은 글은 기사가 아니라고 인식하는 것이다.

일반 시민이 쓴 글과 기자가 쓴 기사를 구분하는 가장 큰 기준도 객관주의의 규율을 따랐는지 여부이다. 언론사에 입사하면 수습기자 기간을 거치는데 그 과정에서 배우는 8~9할은 대부분 눈앞의 상황을 객관적으로 보고, 객관적인 방식으로 요약해서 글을 쓰는 훈련이다.

수습기자가 사고 현장에 가서 "사망자가 3명입니다"라고 보고 하면 선배 기자에게 지적을 받는다. 사망자가 3명인 게 아니라 "경찰이 사망자가 3명이라고 발표했다"가 객관적인 전달 방식이다. 사망자가 몇 명이 될지는 아직 알 수 없는 일이고, 기자는 경찰의 조사 결과를 전달하는 입장이기 때문이다. 이렇게 객관적으로 상황을 보고하는 훈련을 1~2년 하다보면 "이제 기자답게 말하고 쓸 줄 알게 됐다"는 평가를 받는다.

혹자는 기자가 어떻게 객관적일 수 있냐고 묻는다. 기자도 사람이기 때문에 객관적일 수가 없다. 하지만 객관적인 도구로 글을 쓰는 것은 가능하다. 없는 것을 추가하지 않기, 어디서 어떻게 보고 들었는지 최대한 투명하게 공개하기, 전문가에게 확인 받기, 남의 글을 베끼지 않고 스스로 취재에 의지하기, 가정하지 않기 등의 원칙을 지키면 객관적인 방식을 따른 글이라고 부를 수 있다.

그렇지만 객관적인 글쓰기를 했다는 것만으로 진실을 온전히 담을 수 있는 것은 아니다. 역시나 주관적인 인간이 작성한 글이기 때문에 한계가 있을 수밖에 없다. 이것을 보완하는 것이 뒤에서 이야기할 편집자의 역할이다.

36

"나를 의심해줘"
기사 품질과 편집자의 실력은 비례한다
객관적 글쓰기를 완성하는 '데스크'

객관적인 방식으로 사실을 나열한다면 진실은 스스로 드러날까. 절대 그렇지 않다. 진실을 풀어내기가 그렇게 쉬운 일이었다면 기자들이 기사를 쓸 때 이렇게 머리를 쥐어뜯진 않을 것이다.

객관적인 방식으로 글을 썼다고 해도 그 알맹이가 썩어 있을 수 있다. 겉으로 보기에는 전문가에게 확인을 받아서 인용을 한 내용이지만, 기자의 생각과 맞는 의견만 전달하고 반대되는 의견은 숨기면, 방법만 객관적일 뿐 내용은 주관적인 게 된다.

과거 기자들은 자신이 답할 수 없는 질문은 애초에 기사에 적지 않기도 했다. 옛 신문 기자들의 미덕은 기사를 읽고서 궁금증이 남지 않게 쓰는 것이었다. 이는 궁금증이 남지 않을 정도로 취재를 깊게 하라는 뜻이지만, 의문이 해소되지 않은 부분은 아예 빼 버리는 식으로 악용되기도 했다. "아직은 모른다"고 쓰기보다 자연스럽게 누락하고 글을 끝맺는 식이다. 이런 속임수는 기자들이 전형적으로 사용해온 진실을 가리는 기교다.

이제 이런 속임수는 잘 통하지 않는다. 기자가 "나를 믿어라"라고 말하는 시대는 지났고, 시민이 "나에게 보여달라"고 요구하는 시대이기 때문이다. 과거처럼 전문가에게 접근하는 게 어렵지 않은, 페이스북에서 한 다리만 건너도 전문가의 의견을 직접 볼 수 있는 시대에서, 기자가 할 수 있는 최선은 가장 투명하게 쓰는 일이다. 아직 모르면 "더 확인이 필요한 부분"이라고 쓰거나, "취재원에게 찾아갔으나 만나주지 않았다" 등 한계를 솔직하고 투명하게 밝혀야 한다.

그런데 기자가 정직하고 투명하게, 객관적인 방식으로 글을 써도 어쩔 수 없는 한계가 있다. 자기 취재와 글의 허점은 스스로 발견하기 어렵단 것이다.

이 때문에 아무리 경험이 많은 기자라도 자신의 기사를 스스로 완성하지 않는다. 작성을 완료한 기사는 '데스크'라고 부르는 편집자에게 보낸다. 최종 기사는 편집자가 검토해보고 고쳐서 출고하는 것이다. 편집자는 현장과 멀리 떨어져 있기 때문에 취재 기자보다 비교적 객관적일 수 있다. 보통은 회사의 책상에 앉아있는 각 부서 부장이 편집자(데스크) 역할을 한다.

편집자에게 기사를 맡길 때는 제발 내 기사를 한 줄 한 줄 꼼꼼히 봐주길 바라는 마음일 때가 많다. 극단적으로는 내 기사가 전부 틀렸다는 가정을 갖고 회의적인(skeptical) 관점으로 검토해주길 바란다. 그래야만 아주 사소한 사실 관계의 잘못이라도 짚어낼 수 있기 때문이다.

아무리 훈련된 기자라도 치열한 현장 속에서 경주마처럼 취재 경쟁을 벌이면 자신도 모르게 주관적인 표현이나 관찰이 들어가고 현장 분위기에 동화되기 마련이다. 편집자의 역할은 그런 부분들을 냉철한 시각으로 걸러내는 일이다. 언론사별 기사의 품질 차이는 기자의 취재력에서 나오기도 하지만, 결정적으로는 편집자가 얼마나 오류를 잘 찾아내고 고치는 지에서 판가름이 난다.

그래서 편집자는 산전수전 공중전까지 다 겪어본 그 부서 부장이 보통 맡는다. 기자가 보낸 기사 초고를 봤을 때, 자신의 경험상 말이 안 되는 내용에 대해 끊임없이 의심할 수 있기 때문이다. 실제로 기사를 올리면 부장은 해당 기자에게 계속 전화와 메신저로 "이게 어떻게 말이 되는지" 해명을 요구한다. 기자에게서 납득할 만한 설명이 나오면 그 문장을 살리지만, 조금이라도 의심의 여지가 있다면 그 문장은 삭제한다.

뉴스에 나왔다면 사실일 것이라고 시민들이 생각하는 이유는 이런 편집의 과정을 거친 뉴스가 그동안 나왔기 때문이다. 그런데 요즘 언론사들은 이런 편집 과정, 즉 품질을 스스로 포기하고 있다. SNS가 발전하고 정보가 과거보다 엄청나게 빠른 속도로 유통하면서 이를 따라잡기 위해 많은 기사가 편집 과정을 생략하고 출고된다.

대부분의 언론사에는 속보만 담당하는 인터넷뉴스팀이 있는데, 여기서는 발제, 작성, 출고를 모두 스스로 한다. SNS에 뜬 어떤 화제 거리를 베껴서 쓰는 데 10분도 걸리지 않는다. 일단 속도를 따라잡고 여론의 관심을 선점하기 위해서인데, 이런 뉴스를 계속 접하는 시민들은 이제 "뉴스도 틀릴 수 있다"는 생각을 받아들이고 있다. 언론 스스로 가장 값비싼 신뢰라는 가치를 몇 푼 안 되는 클릭 수와 바꿔서 포기하고 있는 것이다.

37

'기레기'는 개인적으로 탄생하지 않는다

제도화된 선택·강조·배제의 원칙

기사 같지 않은 기사를 썼을 때 시민들은 기자를 '기레기'라고 욕한다. 기자와 쓰레기를 합친 말인데 정말 절묘하고도 뼈아픈 표현이다. 나도 기레기 같은 기사를 써본 경험이 있다.

기자에게 가장 힘든 일은 발제다. 아침마다 무엇을 쓸 것인지 보고하는 것을 발제라고 하는데, 매일매일 쓸 거리가 많이 있을 리가 만무하다. 매일 잠들기 전 침대에서, 아침에 씻으면서, 그리고 발제 마감을 앞둔 몇 분 동안 머리를 쥐어짜게 된다. 거꾸로 발제거리가 있는 날은 아주 마음이 편하고 당당하다.

정치부 막내 기자로 있던 어느 날 발제 거리가 없어서 고민 중일 때 한 선배가 기삿거리 하나를 던져줬다. 이번 선거에 유력 정치인의 아들 A씨가 나올 수도 있다고 하니 그 내용을 써보라는 거였다. 발제 마감까지 시간이 남아서 A씨에게 전화를 해봤다. A씨는 "그럴 가능성은 전혀 없다"고 딱 잘라서 말했다. 선배에게 "그건 가능성이 없어서 발제하기 어려울 것 같다"고 보고했다.

　그런데 그 선배는 그래도 발제를 하자고 했다. "정치인의 말은 100%라는 게 없다. 정치를 안 하겠다고 말한 사람 중에 결국 한 사람이 얼마나 많냐"면서 등을 떠밀었다. 결국 이 발제는 채택이 됐고, 그날 그 기사를 쓰게 됐다. 하지만 A씨는 그 해 선거에 출마하지 않았다. 결과적으로 틀리게 됐다고 나쁜 기사라고 말할 수는 없다. 하지만 A씨가 출마 의사가 없다는 걸 알고도 마치 출마할 가능성이 높은 것처럼 썼던 그 기사는 분명 나쁜 기사였다.

　기자가 발제를 하면 그 아이템은 채택 혹은 누락이 된다. 채택되면 본격적인 취재를 거쳐서 기사를 작성하게 되는 것이고, 누락은 아이템이 '킬'(kill) 되는 것이다. 그런데 언론사의 아이템 발제와 채택, 누락은 절대 개인적이지 않다. 그 언론사의 정치적, 경제적, 이념적 목표를 지면(방송의 경우 큐시트)에 가장 돋보이게 보여주기 위해 만들어진 오래된 관행과 제도에 따라 결정된다.

기자들은 이 채택과 누락의 과정을 반복적으로 거치면서 언론사의 방향성을 학습하게 된다. 언론사의 방향과 맞지 않는 소재를 발제하면 100이면 100 누락된다. 기자들은 누락되지 않기 위해 잘 채택되는 아이템을 찾아서 발제하게 되고, 이 과정을 반복하면서 점점 그 언론사의 관행과 제도를 체득한다.

이 때문에 기레기는 기자 개인의 잘못도 있지만 속한 언론사의 제도 안에서 만들어지는 경우가 많다. 언론사의 제도는 무엇을 선택하고, 강조하고, 배제할지 결정한다.

언론사의 이런 관행과 제도는 변화하고 있지만 속도가 매우 느리다. 그 이유 중 하나는 언론을 제대로 감시하는 견제자가 부족하기 때문이다. 과거엔 사회의 여론을 주도하는 권력이 언론에 있었기 때문에 언론을 견제하는 목소리를 키운다는 게 쉬운 일이 아니었다. 하지만 이미 여론을 좌우하는 키는 대중과 다른 미디어 플랫폼에 넘어갔다. 얼마든지 언론의 변화를 요구하고 공론화를 할 수 있는 채널이 늘어났다. 기레기라고 손가락질 하는 것을 넘어서서 언론의 관행과 제도를 이해하고 문제점을 날카롭게 비판하는 목소리가 성장해야 '제도화된' 기레기의 탄생이 줄어들 것이다.

38

"누구냐 넌" 기사 속 '핵심 관계자'의 정체

관계자 저널리즘과 익명 취재원

뉴스를 보다 보면 가장 자주 등장하지만 그 정체를 알 수 없는 인물이 있다. '관계자'다. "청와대 핵심 관계자", "검찰 관계자"로 표현되는 알 수 없는 인물들은 항상 결정적인 한 마디를 한다. 그런데 관계자가 도대체 누구인가?

관계자는 달리 말하면 익명의 취재원이다. 청와대 핵심 관계자라면 청와대에 있는 취재원 중 직급이 높은 사람, 검찰 관계자는 검찰에서 최소 검사 이상은 되는 사람을 뜻한다.

그러면 이름을 밝히면 되지 왜 익명의 커튼 뒤에 숨는 걸까. 어떤 사안에 대해서 말은 해주고 싶은데 자신을 밝히면 불이익이 우려되는 내부 취재원이 익명으로 조직 내부 사정을 말해주는 것이다.

기사에서 취재원의 말을 인용할 때 최선의 방법은 실명 인용이다. 가장 투명하고 오해의 소지가 없다. 하지만 민감한 사안에 대해선 실명으로는 절대 말해줄 수 없다는 취재원이 대부분이다. 그렇다면 취재를 포기하거나 익명으로라도 취재를 하는 선택지 중 골라야 하는데, 당연히 익명 취재라도 할 수밖에 없게 된다. 소식을 전하지 못하는 것보다는 간접적으로라도 내부 소식을 알리는 쪽이 더 가치 있는 일이기 때문이다.

그렇다고 관계자라는 익명 인용에 문제가 없는 것은 아니다. 익명 인용이 당연한 것이 되면서 아무도 실명 인터뷰를 하지 않으려고 하는 경향이 생기고 있기 때문이다. 기자들이 익명 인용을 너무 쉽게 허락해주면서, 책임져야 할 위치에 있는 인물들이 갈수록 익명의 커튼 뒤에서만 말하려 하고 있다.

이를테면 정부 부처의 대변인, 공보관, 기업의 홍보팀장 등은 실명으로 입장을 내는 것이 바람직하다. 조직의 입장을 대변한다고 해도 그것을 누가 말하느냐에 따라 그 무게감은 다를 수밖에 없다. 그런데 이들조차 실명 인용을 하면 기자에게 항의 전화를 하는 안 좋은 관행이 자리를 잡고 있다. 기자들도 향후 취재를 위해, 불편한 관계를 만들지 않기 위해 이들의 요구를 쉽게 받아준다.

이 때문에 뉴스를 보면 하루도 빠지지 않고 관계자라는 표현이 나오는 것이다. 시민들에게 하나의 정보라도 더 주기 위해서 예외적으로 허용돼야 하는 익명 인용이 만연해지면서 오히려 뉴스를 불투명하게 만들고 있다.

더 심각한 문제는 이 관계자발 발언을 지어내는 기자가 있다는 것이다. 익명의 취재원을 확인할 방법이 없고, 감시하는 사람도 없다보니 관계자 인용을 조작해서 쓰는 기자들이 있다. 간혹 걸려서 징계를 받는 경우도 있지만 이는 아주 극소수일 뿐이다. 대부분은 취재원 보호라는 중요한 가치를 악용해서 이를 피해간다.

학계에서는 이를 두고 '관계자 저널리즘'이라고 비판한다. 관계자발 인용이 지나치게 많고 실제 있었던 발언인지 확인이 불가능하다는 점을 지적하는 말이다. 대개 이런 지적은 실명 보도를 늘려야 한다는 이상적인 주장으로 마무리될 때가 많은데, 이는 현실적인 해결책이 될 수 없다.

익명의 깊고 생생한 발언과 실명의 하나마나한 발언의 경중을 사안마다 따져가면서 판단하는 게 필요하다. 익명 인용도 그 투명성의 정도가 모두 다를 수 있다. "민주당 관계자", "한 중진 민주당 의원", "서울의 당직자 출신 초선 의원" 등은 모두 익명 인용이지만 후자일수록 더 구체적이고 범위가 축소됐다.

최소한 이 익명의 발화자가 이만한 말을 해도 될 정도의 위치에 있는 사람이라는 것을 증명하고, 문제가 생겼을 때 검증할 수 있는 단서를 달아두는 것이 책임 있는 익명 보도라고 할 수 있다. 익명 보도를 비판할 때는 무작정 실명 보도만을 요구할 것이 아니라, 과연 어느 정도 수준의 투명성이 필요했는지를 따져가며 비판하는 것이 필요하다.

·

39

주관적인 기사도 이것만 지키면 가능하다

지금까지 기사와 기사가 아닌 것을 가르는 가장 결정적인 기준은 객관성이라고 설명했다. 그런데 주관적인 기사도 있을 수 있다. 얼핏 보기에 모순되는 말 같지만 실제로 많은 독자층이 있는 유명 언론사는 대부분 의견 저널리즘을 지향하고 있다. 대표적으로 <조선일보>는 보수, <한겨레>는 진보의 입장에서 기사를 쓴다. 이는 객관적 기사 쓰기와 기계적 중립이 다르기 때문에 가능한 일이다.

기계적 중립이 필요한 대표적인 경우는 선거 보도를 할 때다. 선거 운동 기간에는 특정 후보에 대한 인터뷰 기사를 실어주면 반대편 인터뷰도 반드시 해야 한다. 공정성이 중요한 선거 운동 기간이라는 특수성 때문이다. (선거 운동 기간에 지켜야 하는 보도 윤리에 대해선 뒤에서 상세히 다룬다)

하지만 증세에 대한 찬반, 낙태죄에 대한 찬반처럼 정치·사회적 논쟁에서 언론사들은 적극적으로 자신들이 지지하는 입장을 독자들에게 부각한다. 대신 지켜야 하는 원칙들이 있다. 주장을 할 때 근거가 사실에 기반 해야 하고, 혜택을 보는 대상과 언론사가 독립적이어야 하며, 그 목적은 시민 사회의 발전을 위한 것이어야 한다. 이런 기준만 지킨다면 의견 저널리즘은 가능하다.

각각의 언론사가 정확한 근거와 독립적인 입장으로 논쟁을 벌이고, 시민들이 여기서 더 나은 입장을 선택한다면 이상적인 언론 환경일 것이다. 하지만 의견 저널리즘을 펼치는 여러 언론사가 정치적·경제적인 이해관계 때문에 한 쪽만 편향적으로 대변하고, 논리적인 비약을 저질러 가면서 근거를 만드는 등 나쁜 관행을 반복해왔다. 이 때문에 시민들에게 의견 저널리즘은 사회악처럼 비춰지고 있다.

일부 언론사들은 상당히 중도적인 입장에서 양쪽 목소리를 골고루 실어주기도 한다. 그런데 이런 언론사는 대개 독자들에게 인기가 없다. 이쪽도 저쪽도 아닌 힘없는 주장을 하는 것으로 보이기 때문이다.

의견 저널리즘과 관련해 최근엔 기자 개인의 SNS 활동을 두고도 갑론을박이 있다. 기자가 기사 외에도 글을 쓸 수 있는 공간으로 SNS가 부상하면서, 이런 활동이 바람직한지에 대해서 의견이 갈린다. 일부에선 "기자라면 기사로 말을 해야 한다"고 주장하고, 반대 측에선 "칼럼을 SNS라는 새 공간에 쓰는 것"이라고 말한다. 기자의 SNS 활동도 언론사가 의견 저널리즘을 할 때와 지켜야 할 규율은 비슷할 것이다. 즉 사실에 근거해서, 시민을 위해, 독립적인 목소리를 낸다면 문제가 없다고 보는 게 내 생각이다.

40

기자와 취재원이 '썸'을 타도 되나?

기자와 취재원의 독립성

언론사에 입사한 뒤로 정당과 시민단체에 대한 후원은 모두 끊었다. 정파성이 있는 정당의 당원을 하지 않는 것은 당연하겠지만, 공익적 목적의 시민단체나 복지단체에 대한 후원까지 끊어야 하냐고 묻는 동료도 있었다.

기자가 시민단체 후원을 하는 것에 반대하지는 않는다. 다만 나는 취재 과정과 기사에 대해 사소한 오해라도 주고 싶지 않아서 후원을 중단하게 됐다. 특정 시민단체를 후원하기 때문에 이런 성향의 기사를 썼다는 식의 선입견을 줄 필요는 없다고 생각했다.

게다가 시민단체들도 정파적 성격이 있는 곳이 다수 있고, 때론 이들이 취재원이 되기도 한다. 후원을 하다보면 이들과 동화되거나, 비판해야 할 때 제대로 하지 못할 수 있다. 취재원과의 독립성 확보를 위해서 조금 과한 조치처럼 보여도 후원을 하지 않는 편이 낫다고 생각했다.

취재원은 기자가 정보를 얻는 출처이다. 출입처의 일상적인 소식부터 결정적인 단독 기사까지 대부분 취재원으로부터 나온다. 취재원과 어떻게 밀접해지는지가 기자의 주된 과제 중 하나이다. 그런데 지나치게 가까워지면 독립성을 잃게 되는 경우가 종종 있다.

한 동료 기자가 상담을 요청한 적이 있다. 자신의 출입처에서 취재원과 '썸'을 타고 있다는 것이다. 이 관계를 더 유지하면서 이 출입처에서 계속 취재 활동을 하는 게 바람직한지 묻는 고민이었다. "당연히 안 되지"라고 답했는데, 안 되는 근거를 생각해보니 마땅한 게 떠오르지 않았다.

많은 기자들이 취재원과 친해지는 방법 중 하나는 술이다. 핵심 취재원이 될 만한 직책에 있는 인물은 아직까지 한국 사회에서 중년 남성이 대다수를 차지한다. 이들과 가까워질 수 있는 가장 보편적인 방법이 저녁 때 함께 술을 마시는 일이다. 술을 좋아하고, 잘 마시고, 취재원과 내밀한 대화를 나눌수록, 여기서 기사가 되는 정보도 많이 얻어낸다. 술을 자주 마시다 보면 서로 형님, 동생 하면서 독립성을 잃고 지나치게 가까운 관계가 되는 경우도 잦다.

그런데 취재원과 술이 아니라 이성적인 매력으로 친해져서 밀접한 관계가 됐을 때, 이를 바탕으로 정보를 얻어낸다면 바람직하지 못하다고 말할 근거가 있을까. 쉽게 말해서 술 마시고 친해지는 건 되고, 이성적 매력을 통해 가까워지는 것은 안 되는 이유가 무엇이냐는 것이다.

술인지 매력인지가 중요한 게 아니라, 취재원과의 독립성을 유지할 수 있는지, 적당한 거리를 두고 있는지가 판단의 핵심 기준이 될 것이다. 기자 중에 배우자가 정치인이거나 판·검사인 경우가 있다. 이런 경우 정치부나 법조팀은 맡지 않는 게 관례다. 이해충돌이 생길 수 있기 때문이다. 취재 과정에서 얻게 되는 정보로 개인적인 이익을 추구할 수 있는 가능성을 미리 차단하는 것이다. 판사가 사건을 맡을 때 자신과 조금이라도 관계가 있는 사건이라면 스스로 회피하는 것과 비슷하다.

나에게 기삿거리를 많이 주는 정치인, 판·검사와 술친구가 될 수는 있겠지만, 이들과 적정한 거리를 유지할 자신이 없다면 그 출입처에서 나와야 한다. 취재와 상관없이 더 깊은 술친구가 되는 것은 비난할 이유가 없지만, 취재와 베스트 프렌드는 함께 갈 수 없다.

　　앞선 동료의 고민도 마찬가지다. 서로 호감을 갖고 개인적인 이익을 챙겨주는 관계가 됐다면 취재할 때 지켜야할 거리두기에 실패할 가능성이 상당이 높은 상태다. 스스로 거리두기가 자신이 있다고 해도 내가 쓴 기사에 대해 주변에서 불필요한 의심을 가지고 해석하려 할 것이다. 썸 관계를 더 발전하고 싶다면 스스로 해당 출입처에서 나오는 게 취재원과 독립성을 유지하는 바람직한 방법일 것이다.

41

"너는 밥 먹고 똥 싸는 것도 뉴스야?"

뉴스 가치를 결정하는 편집회의

"너는 밥 먹고 똥 싸는 것도 뉴스야?"
"너는 이게 이야기가 된다고 생각해?"

수습기자 시절 없는 아이디어를 쥐어짜내서 발제를 했다가 부장에게 자주 들었던 말이다. 무엇이 뉴스가 되고 무엇은 안 되는지, 뉴스 가치를 판단하는 것도 보통의 시민과 기자를 구별하는 역량 중 하나다.

저널리즘 교과서에선 영향력이 있는지, 시의가 맞는지, 유명한 사람인지, 가까운 이야기인지, 갈등이 첨예한지 등을 뉴스 가치를 판단하는 기준으로 소개한다. 하지만 이걸 외우고 다니면서 그때그때 적용하는 기자는 드물다. 직관적이고 경험에 의존해서 "이야기가 되는지"를 판단한다. 앞서 설명한 발제와 채택, 누락을 반복적으로 거치면서 뉴스 가치를 판단하는 기준이 경험적으로 몸에 학습되기 때문이다.

이런 뉴스 가치 판단을 매일 종합한 것이 신문 지면계획 또는 뉴스 큐시트(방송 순서)이다. 이걸 살펴보면 그날 언론사에서 어떤 뉴스를 더 강조하고, 어떤 뉴스는 뺐는지 확인할 수 있다.

한동안 인터넷 뉴스 댓글에서 "장자연 사건은 왜 다루지 않느냐"는 지적이 자주 보였다. 유명 연예인의 열애설이 터지면 "또 어떤 정치적인 사건을 가리려고 이런 뉴스를 터뜨리냐"는 음모론도 제기된다. 이건 모두 언론사의 뉴스 가치를 판단하는 기준에 시민이 불만을 제기하는 표현들이다.

어떤 뉴스가 배제된 이유에 대해 때론 말도 안 되는 음모론이 제기가 되는데, 그건 시민들에게 뉴스 제작 과정이 불투명하기 때문이다. 아침에 기자들이 어떤 아이템을 발제하고 그 중 어떤 뉴스가 왜 채택되거나 빠지는지 의사결정 과정에 대해 시민들은 전혀 알 길이 없다. 그래서 기사가 빠진 배경을 추측하는 말도 안 되는 음모론이 퍼지고 시민들은 쉽게 믿는다.

　그런데 사실 기자들도 매일 열리는 편집회의에서 어떤 뉴스가 왜 강조되거나 축소되는지 정확하게 알진 못한다. 팀장급 이상만 참석하는 편집회의에서 매번 어떤 의견이 구체적으로 오가는지 들을 수 없기 때문이다. 단지 채택 혹은 누락이라는 결과만을 가지고 관행에 비추어 그 의미를 추측할 수밖에 없다. 이런 불투명함을 해소하기 위해 JTBC 뉴스룸에선 한동안 평기자들이 편집회의를 참관하는 제도가 운영되기도 했다.

　편집회의에서 결정을 주도하는 편집국장이나 보도국장의 지시가 직관이나 감각에 의존한다고 생각하는 기자들도 있다. 그런 부분이 없지는 않겠지만 사실은 수십 년간 신문 지면계획과 방송 큐시트를 학습해온 국장이 머릿속에 있는 빅데이터로 판단한 결과물이다. 어떤 뉴스 아이템을 봤을 때 어느 정도의 비중으로 어떻게 풀어내야 하는지 몸에 쌓여있는 것이다. 막힘없이 나오는 지휘가 누군가에게는 본능적인 것으로 보일 수도 있겠다.

　매일 편집회의에서는 포괄적이고 비중에 맞는 뉴스를 만

들기 위한 의사결정을 한다. 그런데 시간과 공간, 자원의 제약이 있기 때문에 편집회의에서 무제한 토론이 오갈 수는 없다. 일일이 지시하지 못한 내용들은 그 언론사의 오래된 관행에 따라 결정되는 경우가 많다.

이를 시스템이 아닌 관행이라고 표현한 것은 부정적인 측면을 집중해볼 필요가 있기 때문이다. 많은 언론사가 따르는 관행 중 하나가 갈등을 조장하는 보도를 선호한다는 것이다. 주로 정치부 기사에서 등장하는데 정치인 A와 B의 발언에 갈등을 붙여서 정쟁을 키우는 경향이 있다. 사회부 기사에서는 어떤 사건을 선악 구도로 단순화하고, 범죄자를 더 나쁘게 과장하는 관행이 있다. 그러나 시민들은 이런 뉴스 제작 과정과 관행에 대해서 전혀 모르기 때문에 이런 뉴스에 무방비로 노출된다.

언론이 대기업이나 정부를 비판할 때 자주 요구하는 것이 의사결정 과정을 투명하게 밝히라는 것이다. 하지만 요즘 우리 사회에서 의사결정 과정이 가장 불투명한 곳은 언론사다. 시민 사회의 수준에 맞게 저널리즘이 한층 더 성숙해지기 위해선 부분적으로나마 뉴스 제작 과정을 투명하게 알리고, 시민의 비판을 수용해 이런 관행을 바꿔나가야만 한다.

42

차트 역주행 곡과 '학폭' 논란의 공통점은?

언론이 유행을 결정하던 시절은 갔다

요즘 유튜브를 통해 차트 역주행을 하는 곡이나, SNS 곳곳에서 터져 나오는 '학폭(학교 폭력)' 논란의 공통점이 있다. 언론이 주목하기 전에 스스로 유행이 퍼졌다는 것이다.

과거엔 어떤 현상이 주류가 될지 안 될지를 기성 매체가 판단했다. 신문 기자나 방송 PD가 주목해서 자주 보여주면 그게 곧 유행이 됐고 이들의 눈에 들지 못하면 뜨기 어려웠다. 이런 기성 매체의 정보 통제 역할을 게이트키핑(gate keeping)이라고 부른다. 쉽게 말해 유행을 시킬지 말지 결정하는 문지기 역할을 한 것이다.

앞서 설명한 뉴스의 발제, 채택, 누락이 이 게이트키핑을 하는 과정이다. 신문이라면 어떤 이슈를 몇 면에 어느정도 분량으로 배치할 것인지, 방송이라면 몇 번째 순서로, 몇 분 동안 보도할 것인지 결정하는 일이다. 어떤 주제가 얼마나 화제가 될 지를 기성 매체가 직접 결정해온 것이다. 전혀 화제가 되지 않던 일도 신문 1면이나 방송 톱뉴스로 며칠 연속 나오고 나면 우리 사회의 가장 중요한 화제가 되곤 했다.

이런 걸 뉴스의 의제설정(agenda setting) 기능이라고 부른다. 특정 이슈를 빈번하고 눈에 띄게 보여줘서 많은 사람들이 이 이슈가 다른 이슈보다 더 중요하다고 인식하게 만드는 것이다. 과거 미디어는 의제설정을 통해 없던 이슈도 만들어 낼 정도로 그 효과가 강력하고 일방적이었다.

하지만 역주행 현상에서 보듯 이제 그 관계는 쌍방향적으로 바뀌었다. 시민들의 관심이 알고리즘에 반영돼 유튜브에서 화제가 되면 언론은 그걸 받아서 뉴스로 만드는 현상이 보편화 됐다. 이처럼 어떤 게 화제가 될지 말지 결정하는 뉴스의 정보 통제자(게이트키퍼)로서의 역할은 과거보다 약해졌고, 그 권한은 대중에게 상당히 넘어갔다.

뉴스가 어떤 이슈를 화제로 만드는 또 다른 방식은 프레이밍(framing)이다. 프레이밍은 우리말로 풀어보면 틀 짓기이다. 어떤 현상을 모두 나열해서 보여줄 수 없기 때문에 특정 부분에 액자를 씌워서 주목하도록 만드는 것이다. 틀을 씌운 부분을 중심으로 설명하면 시민들에게 더 사안을 쉽고 단순하게 보여줄 수 있는 장점이 있다. 하지만 언론사가 원하는 부분만을 강조하고 나머지는 생략하면서 어떤 사회 현상을 특정한 방식으로만 해석하도록 여론을 이끌어 가기도 한다. 이는 언론이 여론에 영향력을 행사하는 전형적인 방식 중 하나이다.

이와 비슷한 기교로 프라이밍(priming) 효과도 있다. 프라이밍은 우리말로 점화 효과라고 부르는데 어떤 말을 들었을 때 머릿속에 특정 이미지가 먼저 연상되도록 불을 붙인다는 뜻이다. 최근 성폭력 범죄를 보도할 때 프레이밍과 프라이밍 효과를 바람직하게 사용하려는 움직임이 있다. 과거엔 성폭력 사건을 보도할 때 피해자의 이름을 따서 'A씨 사건'이라고 많이 불렀다. 하지만 그렇게 부르면 많은 사람들의 머릿속엔 "A씨가 성폭력을 당했다"는 내용만 기억에 남는다. 그래서 요즘엔 거꾸로 가해자의 이름을 따서 'B씨 성폭력 사건'이라고 보도하는 경향이 있다. 그러면 "B씨가 성폭력을 저지른 사건"으로 시민의 기억 속에 남을 수 있다. 몰래카메라(몰카)를 불법 촬영물이라고 부르는 시도도 마찬가지다. 몰카라고 불렀을 때 중대 성범죄라는 인식이 쉽게 떠오르지 않기 때문에 불법 촬영물이란 명칭을 쓰는 것이다.

언론의 게이트키핑 역할이 과거만큼 절대적이거나 일방적이지 않지만 여전히 여론에 많은 영향을 주고 있는 것이 사실이다. 이런 언론의 권한은 시민의 관심과 감시가 늘면서 점차 줄어들고 있고 다른 플랫폼과 대중에게 권한을 넘겨주고 있다. 언론이 의제설정, 프레이밍 등과 같은 기교들을 여론을 호도하는 방향이 아닌 바람직한 방식으로 사용할 수 있도록 시민들의 감시와 견제가 앞으로 더 늘어나야만 한다.

43

출입처 '고인물' 속에서 괴물이 된 기자들

출입처 저널리즘의 장단점

최근 언론의 적폐 문화로 비판 받는 지점 중 하나가 출입처 제도다. 검찰과 국회가 갈등을 겪을 때 정치권에선 "법조 출입기자단이 검찰을 편드는 기사를 쓰고 있다"고 자주 비판을 했는데, 이 때문에 많은 시민들이 출입기자단의 문제점에 대해 인식이 높아졌다.

출입처라는 말은 경찰 조직에서 사용하는 말이 언론계로 넘어왔다고 알려져 있다. 경찰이 자신의 담당 구역으로 자주 다니는 곳을 출입처라고 부르는데 기자들이 그 말을 가져다 썼다는 것이다.

기자들에게 출입처는 각자 취재를 담당하는 구역이다. 쉽게 말해 매일 출근하는 곳이기도 하다. 언론사는 각 부서가 담당하는 취재 분야에 맞게 출입처를 짠다. 사건팀은 각 지역 별로, 예를 들어 서울은 강남·마포·영등포·관악·종로·중부·북부 등으로 나누고, 그 지역 안에 있는 경찰서, 소방서, 기타 주요기관들을 담당하도록 한다. 정치부에선 청와대, 국회 등으로 나누고, 국회 안에선 다시 여당과 야당으로 나뉜다. 문화부 등에선 음악, 미술, 대중문화 등 분야별로 출입처를 분류하기도 한다.

기자들은 매일 자신이 담당하는 출입처에서 발생하는 뉴스를 수집해서 발제한다. 이렇게 발제된 뉴스가 매일 아침 언론사의 편집회의 테이블에 모이도록 만들어진 것이 출입처 제도다.

사회 전반의 뉴스를 효율적이고 체계적으로 수집할 수 있다는 게 출입처 제도의 최대 장점이다. 하지만 최근엔 이 출입처가 '고인물'을 만드는 원인으로 지목받고 있다. 특정 출입처를 오래 드나들다 보면 이 출입처 직원들과 생각이 비슷해지기 쉽다. 예를 들어 검찰에 출입하면서 검사들과 수시로 차도 마시고 술도 마시다 보면 영리하고 논리적인 검사들의 논리에 점점 스며들게 된다. 문제는 이 논리가 시민 전체의 이익보다는 그들이 속한 조직의 이익을 대변하는 논리라는 것이다.

실제로 검찰을 출입하다 보면 '명예 검사'와 같은 기자들이 종종 눈에 보인다. 어떤 사건이 벌어졌을 때 검사보다 더 검찰 조직의 이익을 대변하는 글을 쓰는 기자들이다. 이들은 검찰 출입을 오래 하면서 자신이 마치 검사인 것처럼 생각이 동화됐다. 적당히 멀고, 적당히 가까워야 하는 거리두기에 실패한 '괴물'들이다.

출입처 직원과 동화되지 않고도 고인물이 되는 방법이 있다. 출입기자단 그 자체가 권력이 되는 경우다. 세종특별시에 있는 중앙 행정부처 출입기자단이 대표적인 사례. 이들은 시민 모두가 알아야 할 정보를 통제하는 권력을 놓지 않으려 한다.

중앙 부처가 발표하는 주요 정책 내용을 매년 관행적으로 열흘 이상 보도유예(엠바고)를 걸어놓고 통제하는 출입기자단도 있다. 엠바고는 보도를 잠시 미루는 것이 시민의 이익을 위해서 불가피 하게 필요할 때 예외적으로 출입기자단의 동의를 구해 사용해야 한다. 시민의 이익을 위해 사용해야 하는 엠바고를 출입기자단은 자신들의 편의를 위해 사용하고 있다. 보도를 준비할 시간이 필요해서, 어떤 날은 다른 뉴스거리가 넘쳐서, 지나친 경쟁이 있을 수 있다는 등의 이유로 시민이 당장 알아야 할 정보가 출입기자단의 손에 의해 늦춰지고 있다.

이들이 이렇게 정보를 통제할 수 있는 이유는 출입기자단의 가입, 탈퇴, 징계를 출입기자단이 스스로 결정하기 때문이다. 언론의 자유를 보장하기 위해 정부가 출입기자단의 구성에 관여하지 않는 것이 관례인데, 이를 악용해 사익을 추구하고 있다. 예를 들어 자신들이 만들어 놓은 규칙이나 엠바고를 지키지 않는 언론사는 가입을 받아주지 않거나 징계, 탈퇴 조치시키고 있다. 공공의 정보를 권력으로 휘두르면서 악습을 유지하고 있는 것이다. 많은 언론사가 이런 관행에 문제를 느끼고 있지만 중요한 정보가 나오는 출입기자단에서 혼자만 빠질 수 없기 때문에 어쩔 수 없이 순응하고 있다.

일부 출입기자단은 공공기관이 시민과 SNS를 통해 직접 소통하는 것도 반대한다. 어떤 기관이 주요 정책 결정 사항을 출입기자단과 상의 없이 시민들에게 직접 알리면 출입기자단의 대표가 기관의 대변인을 찾아가 거세게 항의를 하는 식이다. 민간 출입처에선 이용할 수 있는 미디어 플랫폼이 다양해지면서 출입기자단의 영향력이 약해졌지만, 공공기관만큼은 아직도 이 카르텔이 강력하게 유지되고 있다.

출입처 제도 그 자체가 언론계에 적폐 문화를 만드는 것은 아니다. 출입처에서 거리두기에 실패해서 취재원과 동화되는 기자, 스스로가 권력이 돼서 출입기자단의 이익만을 생각하는 기자가 문제인 것이다.

출입기자단의 작동 방식과 관행이 대중에게 알려져 있지 않다보니 이를 해결하려는 처방도 잘못 나오기 일쑤다. 출입기자단이 아직도 그 관행을 유지할 수 있는 건 내부가 불투명하게 운영되기 때문이다. 출입처와 출입기자단의 관행을 개혁하려면 처벌이나 규제를 하기보다 그 작동 방식을 제대로 이해하고 이를 투명하게 시민에게 알리는 것이 가장 효과적인 방법일 것이다.

44

탐사보도는 만루홈런 아니면 삼진

탐사보도 저널리즘의 명과 암

고속도로를 달리다 터널에 들어가면 과거엔 주황색 조명이 눈에 띄었다. 그런데 요즘엔 이 조명이 대부분 LED로 바뀌고 있다. 이 LED 조명은 환경에 따라 원격으로 밝기를 조절할 수 있고, 고장이 나면 자동으로 경고를 띄우는 스마트 가로등이다. 이런 기능을 하기 위해선 스마트 가로등에 통신을 가능하게 하는 칩이 부품으로 들어가야 한다.

전국 도로의 조명을 이런 스마트 LED 가로등으로 교체하는 사업은 공기업인 한국도로공사가 주도하고 있다. 스마트 가로등에 들어가는 통신칩의 규격도 도로공사가 정한다. 그런데 이 통신칩의 규격이 특정 업체만 맞출 수 있는 조건이라면 어떨까? 이 업체가 전국의 가로등 사업을 독점하고 큰돈을 벌게 될 것이다.

그런데 이 핵심 부품을 만드는 기업의 주인은 도로공사 사장의 가족들이었다. 도대체 몇 단계를 거쳐서 이권을 숨겨 놓은 것인지 계산조차 어려운 사건이었다. 업계 내부를 오랜 기간 깊숙이 조사하지 않고는 드러내기 어려운 비리였다. 이런 취재를 언론에선 탐사 보도라고 부른다.

매일 나오는 보통의 기사와 탐사 보도는 질적으로 차이가 있다. 탐사는 권력에 대한 감시, 사회의 보이지 않는 곳에 대한 조사를 적극적이고 공격적으로 하는 취재다. 어떤 보도에나 이런 취재가 들어가지만 탐사 보도라는 이름이 붙으려면 그 수준이 훨씬 깊게 들어가야 한다.

보통 언론사에서 탐사 보도를 전문으로 하는 팀을 꾸리면 가장 실력이 좋은 기자들을 불러 모은다. 탐사 보도에는 특별한 경험과 취재 역량이 필요하기 때문이다. 탐사 보도의 결과물은 한 장의 문서나 제보자의 말 한 마디로 완성될 수 없다. 조각난 수많은 정보들의 가치를 판단하고 그 가능성을 가늠할 수 있는 기자가 맡아야만 한다. 게다가 탐사보도는 파장이 큰 만큼 명예훼손 등 법적 위험도 관리할 능력이 있어야 한다.

탐사 보도는 원래적 의미(오리지널)의 탐사 보도, 해석적 탐사 보도, 수사에 관한 탐사 보도로 나뉜다. 오리지널 탐사 보도는 알려지지 않은 사실을 발굴해내는 것이다. 마치 수사 기관처럼 위장 취재나 잠복 감시 등도 하고 드러나지 않은 제보자나 피해자를 찾아내기도 한다. 오리지널 탐사 보도의 결과물은 공식적인 수사로 이어지는 경우가 많다.

해석적 탐사보도는 이미 공개된 방대한 자료를 엮어서 더 높은 차원의 사실과 관점을 만들어 내는 보도다. 대표적으로 전수조사를 해서 보도하는 경우가 이에 해당한다. 주간지나 월간지처럼 긴 호흡으로 취재할 수 있는 곳에서 주로 한다.

수사에 관한 탐사 보도는 준비 중이거나 이미 진행되고 있는 수사에 대해 깊이 있는 취재를 하는 경우다. 주로 사건팀이나 법조팀에서 담당한다. 단순히 수사 기관의 발표를 받아쓰는 수준을 넘어서서 수사 기관보다 한 발 먼저 취재에 나서서 수사 기관을 견제하는 역할을 한다.

탐사 보도가 이렇게 장점이 많지만 많은 언론사에서 탐사 보도를 전문으로 하는 팀을 운영하기를 부담스러워 한다. 뛰어난 능력을 가진 기자들을 출입처에서 빼내서 한 달에 한 건을 쓸까말까 한 팀으로 보내는 건데 회사 입장에선 엄청나게 비효율적인 조직이다. 만루 홈런이 나올지, 땅볼이 나올지, 삼진을 당할지 전혀 알 수 없기 때문이다. 만루 홈런이 나온다면 언론사의 신뢰도를 단번에 올려줄 수 있지만 그렇지 못하면 비용만 몇 배로 늘어나는 구조다.

이 때문에 탐사 보도는 부풀어 올랐다가 가라앉기를 거듭해왔다. 최순실 국정농단 사건과 박근혜 전 대통령의 탄핵 국면 때 탐사보도팀을 꾸리는 언론사가 급증했지만 최근 다시 하나둘씩 사라지고 있다. 탐사 보도는 국가와 사회의 역사에서 변곡점이 되는 시기에 항상 중요한 역할을 해왔다. 지금도 어느 언론사의 탐사보도팀은 사회 깊숙한 곳에 숨어 있는 문제를 수면 위로 쑥 꺼내기 위해 골방에서 비밀회의를 하고 있을 것이다.

45

깊고 어두운 비밀, 정보원은 누구인가

기자와 정보원의 힘겨루기

취재는 '사람 장사'라는 말이 있다. 그만큼 취재에서 정보원의 비중이 결정적이란 것을 뜻하는 말이다. 언론학자들은 "뉴스는 발생하는 것이 아니라, 발생했었고 발생할 것이라고 그 누군가가 이야기 하는 것"이라고 말하기도 한다. 뉴스를 정보원의 관점에서 해석하는 것이다.

정보원은 깊고 어두운 비밀이다. 선배, 부장, 편집국장에게도 자신의 정보원이 누구인지 쉽게 밝히지 않는다. 기자는 정보원에게 정보를 얻기 위해 의존한다. 정보원은 주로 공무원과 사회의 핵심 기관 관계자, 그 주변의 전문가들이다.

정보원이 사실상 기자의 역할을 대신하고, 기자는 편집자의 역할을 한다고 보는 시각도 있다. 뉴스의 생산은 정보원이 하고 기자는 들은 내용을 가지고 요리만 한다는 뜻이다. 이처럼 많은 뉴스가 정보원의 입에서 시작하기 때문에 정보원과 기자의 관계를 이해하는 것은 저널리즘에서 매우 중요하다.

정보원은 정확한 정보를 준다는 것이 확인된 인물이어야 한다. 이는 보통 출입처의 상층부에 있는 사람들이다. 이들은 확인된 정보를 알 수 있는 권한이 있고, 더 중요한 것은 그것을 말할 권한이 있다. 직급이 낮은 정보원은 자신이 중요한 뉴스를 알고 있어도 말해도 되는지 판단이 안 서서 말을 못하는 경우가 많다. 하지만 상층부에 있는 인물은 어느 정도까지 말을 해도 되는지 판단할 수 있다. 모든 기자는 이런 정보원과 친해지고 싶어 한다.

정보원은 왜 입을 열까. 대부분 자신 또는 자신의 조직에 유리하기 위해서다. 검찰이 정보를 흘리는 이른바 '언론 플레이'를 하는 이유는 수사에 탄력을 받기 위해서다. 이만큼 수사가 잘 되고 있고 범죄 피의자의 혐의가 질이 나쁘다는 것을 언론을 통해 대중에게 널리 알려서 숨어있는 협조자들이 더 나올 수 있게 하는 것이다. 야당 국회의원들이 자신이 밝혀낸 정부의 비리를 정치부 기자들에게 적극적으로 배포하는 것도 마찬가지다.

일부는 개인적인 공명심 때문에 입을 열기도 한다. 자신이 알고 있는 것을 참지 못하고 자랑을 해야만 속이 풀리는 유형도 있다. 이런 취재원은 나에게만 알려주지 않고 여기저기에서 정보를 흘리고 다닐 가능성이 높다.

특정 기자와의 유대 관계 때문에 정보를 알려주기도 한다. 아직도 사회 많은 영역에서 고향 후배, 학교 후배 등을 이유로 정보를 챙겨주는 정보원이 있다.

정보원이 아무 기자에게나 정보를 흘리는 건 아니다. 부장검사가 새파란 수습기자에게 정보를 주지 않는 건 자기가 가진 정보를 충분히 요리할 수 있는 능력이 없다고 봐서다. 그렇기 때문에 기자가 정보원에게 자신의 능력과 자신이 알고 있는 정보의 깊이를 보여주는 것도 중요하다. 기자와 정보원의 힘겨루기 끝에 균형이 맞으면 정보의 교환이 일어난다. 부장검사는 자신의 말을 신문 1면에 써줄 기자를 찾고 기자는 1면 기삿거리를 말해줄 정보원을 찾는다.

이런 힘겨루기에서 보통은 정보원이 우위에 있다. 정보원이 대부분 더 많은 정보를 알고 있기 때문이다. 여기에 끌려다니게 되면 소위 언론 플레이의 도구로만 쓰일 가능성이 있다. 하지만 일부 정보원은 기자가 힘이 더 세다고 말하기도 한다. 정보원은 기삿거리를 알려줄 권한이 있지만 그것을 어떻게 요리해서 쓸지는 온전히 기자의 몫이기 때문에 예상하지 못한 방향으로 보도가 나오기도 하기 때문이다.

기자들은 자기 자랑을 할 때 과거에 어떤 고위층의 정보원과 친해져서 특종 보도를 했던 경험을 말하곤 한다. 그 과정에서 집 앞에서 오랜 시간 기다리기도 하고, 편지나 문자 메시지를 여러 통 보내기도 하고, 술을 진탕 마시는 등 온갖 경험담이 나온다. 기자들이 이렇게 기회만 되면 정보원과 관련한 자신의 영웅담을 풀어내려 하는 것은 그만큼 취재에서 정보원이 중요하고 정보원을 얻는 일이 어렵다는 것을 보여주는 방증일 것이다.

46
기자는 뉴스 댓글에 영향을 받을까
기자와 뉴스 이용자의 관계

가끔 내가 쓴 기사의 댓글을 읽다가 흠칫 놀랄 때가 있다. 기자의 실명을 호명하면서 비판하거나 가족을 욕하는 경우가 있어서다. 이메일로 장문의 욕설을 적어 주는 독자도 있다. 기자들이 과연 이런 댓글이나 이메일에 영향을 받는지 궁금해 하는 독자가 있을 것이다. 결론부터 말하자면 영향을 받는다.

포털 뉴스에서 댓글을 작성하는 사람은 이용자 중 아주 일부라서 시민을 대표한다고 볼 수는 없다. 하지만 그들이 작성한 내용 중엔 날카로운 지적들이 꽤 많다. 꼭 내용을 정중하고 예의 바르게 적어야만, 맞춤법이 맞아야만 비판을 할 수 있는 것은 아니다. 욕설이 섞인 말 중에도 기사의 약점을 꿰뚫고 있는 말이 있을 때가 있다. 수고스럽게 이메일까지 보내준 경우엔 욕도 고마울 때가 있다.

초년병 시절엔 이런 욕설을 보면 위축되기도 했다. 3년차에 정치부를 출입한 적이 있었는데 그 때는 특정 정당 지지자들의 욕설 이메일이 두려워서 그들을 비판하는 내용을 쓸때 소심하게 글을 쓴 적도 있었다.

하지만 요즘엔 '기자의 월급에 뉴스 이용자로부터 욕먹는 값도 포함돼 있다'는 생각을 한다. 그리고 댓글 중엔 욕이나 비난만 있는 게 아니다. 뉴스 이용자의 반응이나 이해 당사자의 항의에서 추가 발제의 아이디어를 얻기도 한다. '이걸 더 알아봐라', '여기가 아니라 다른 부분을 더 파고들어야 한다'는 식으로 가르쳐 주는 경우다.

과거엔 이들을 뉴스 수용자라고 불렀다. 하지만 수용자는 이들이 기사를 일방적으로 받아들이기만 한다는 시선이 포함돼 있는 말이다. 이 때문에 요즘엔 뉴스 이용자 또는 뉴스 소비자라는 표현을 더 많이 사용한다. 뉴스 이용자와 기자가 상호작용을 하면서 기사가 더 발전하는 경우가 많기 때문이다.

과거에 기자들은 뉴스 이용자의 대다수인 시민보다는 출입처의 정보원이나 동료 기자들에게 인정받는 기사를 쓰고자 했다. 시민들이 얼마나 읽고, 어떤 반응을 하는지 직접 확인할 방법이 별로 없었기 때문이다. 하지만 뉴스 댓글이 (전부는 아니지만) 생긴 뒤론 점점 기사의 방향과 소재가 시민을 향하는 쪽으로 변화하고 있다.

최근엔 시민이 뉴스의 이용자나 소비자에 머물지 않고 뉴스 생산의 적극적인 파트너 역할을 하고 있다. 태풍, 홍수, 산불 등 취재를 할 때 방송 뉴스에서 가장 힘이 되는 것은 전국의 시청자들이 찍어서 보내 준 제보 영상이다. 과거와 달리 누구나 스마트폰으로 고화질 영상을 찍고 보낼 수 있어서 전국 곳곳의 상황을 더 생생하게 전달할 수 있게 됐다. 저널리즘이 시민에게 영향을 받을 뿐만 아니라, 이제는 현장에 가장 먼저 도착하고 가장 멀리까지 보고 듣는 눈과 귀가 시민이 될 수 있다는 점을 보여주는 이런 사례는 앞으로 더 늘어날 것이다.

47

사생활을 침해하는 '뻗치기' 취재 해도 되나?

사생활 침해와 취재 윤리

기자가 자주 사용하는 취재 방법 중 하나는 '뻗치기'이다. 취재원을 만나기 위해 집이나 사무실 앞에서 무작정 기다리는 방식을 뻗치기라고 한다. 언론계뿐만 아니라 경비업계 등에서도 한 곳에서 계속 서서 지키는 것을 두고 이렇게 부른다고 한다.

낮은 연차의 기자일수록 뻗치기 취재를 자주 한다. 핵심 취재 대상에게 확인 취재를 위해 반드시 말을 들어야 하는데 전화를 받지 않거나, 연락처를 알 수 없을 때, 집 주소를 안다면 선배 기자들은 후배들에게 직접 찾아가서 뻗치기를 하라는 지시를 내린다. 아파트 문 앞, 계단, 복도 등 온갖 군데에서 시간과 날씨에 상관없이 취재 대상을 만나기 위해 기한 없이 기다린다. 운 좋게 마주쳐도 아무런 말을 듣지 못하는 경우가 많다. 하지만 정말 가끔은 찾아온 기자에게 사건과 관련한 모든 이야기를 풀어내는 취재원도 있다.

문제는 이 과정에서 사생활 침해가 일어난다는 것이다. 아파트 공용 공간, 빌딩의 복도 등은 엄연히 사적 영역이다. 그 공간을 권한이 없는 사람이 차지하고 불편을 준다면 경범 죄로 처벌받을 수 있다. 집안에 있는 사람이 나가기 불안하게 지키고 있거나 초인종을 눌러대는 것도 부적절하다. 큰 사건이 벌어졌을 때 유명인의 아파트 단지엔 수많은 카메라와 취재 차량 등 취재진이 북적거리면서 불편을 만든다.

과거엔 기자가 취재 활동을 위해 이 정도는 할 수 있다는 생각이 지배적이었고, 시민들도 감내해주는 경우가 많았다. 하지만 이제 시민의 눈높이가 달라졌다. 취재 목적이라도 개인의 영역을 함부로 침범할 수 없고 불편을 줘선 안 된다는 생각이 늘었다.

훨씬 오래 전에 기자 생활을 한 선배들은 경찰서에서 공문서를 가져오거나, 범죄 현장에서 증거를 들고 나오기도 했다는 이야기를 무용담처럼 한다. 지금은 큰일 날 소리다. 요즘엔 기자가 전화를 하면 "내 연락처를 어떻게 알았냐"면서 따지는 경우가 많다. 이처럼 사생활과 취재 윤리에 대한 기준은 갈수록 높아지고 있다.

취재 윤리란 말은 거창하게 들릴 수 있지만 어떤 취재 상황에서 어떻게 행동해야 바람직한지 판단하는 기준이다. 숭고하고 대단한 원칙도 있겠지만 구체적이고 사소한 행동 규칙이 대부분이다. 어떤 장소에 들어갈지 말지, 지금 물어볼지 말지, 공개를 할지 말지 등을 결정할 때 판단의 기준이 되는 규칙들이다.

한국기자협회의 윤리강령과 실천요강에선 "공익이 우선하지 않는 한 모든 취재 보도 대상의 사생활이 침해되지 않도록 최선을 다한다"고 적혀있다. 취재 상황에서 시민의 알권리와 사생활 침해의 이익을 비교해보라는 것인데 막상 현장의 여러 딜레마 상황에선 판단이 어려울 때가 많다.

그런데 언론사 데스크에서 취재 지시를 할 때 과거의 취재 윤리를 기준으로 판단하고 지시해서 현장 기자에게 문제가 생기는 경우가 종종 발생한다. 선배들이 뻗치기를 시킬 때 가장 관심이 있는 것은 '다른 언론사 기자가 있는지' 여부이다. 무작정 단독 취재에 성공해오라고 등을 떠미는 데스크의 지시를 그대로 따르다가 현장 기자가 곤란한 상황에 처하거나 여론의 뭇매를 맞기도 한다.

이렇게 사생활 침해를 하면서 취재를 한 경우 기사를 쓸 때 취재 방식의 한계점을 밝혀주는 방향으로 변화가 필요하다. 진실을 취재하기 위해 다른 수단이 없어서 불가피하게 사생활 침해를 하게 됐고, 피해를 최소화하고 이익을 극대화하기 위해 어떤 노력을 했으며, 문제가 되는 부분은 시민의 의견을 반영해 고쳐나가겠다고 양해를 구하는 것이다. 기자가 취재 활동으로 시민에게 불편을 끼쳐도 양해를 받을 수 있는 이유는 시민들이 기자의 취재 활동을 암묵적으로 동의해줬기 때문이다. 그렇다면 그에 대한 결과물인 기사를 보도할 때 한계점을 밝히고 사과와 양해를 명시적으로 구하는 것이 앞으로 시민과 언론이 만들어 나갈 신뢰 관계일 것이다.

48

세월호 참사 그 이후 재난 보도는 달라졌나

재난 보도 취재 윤리

2014년 세월호 참사 이후 재난 보도와 취재 윤리의 중요성에 대해 많은 시민들이 관심을 갖게 됐다. 언론사들도 반성하면서 취재윤리 강령이나 재난보도 준칙 등을 점검하는 등 달라진 모습을 보이려 노력했다.

7년이 지난 지금 무엇이 달라졌을까. 재난 보도를 할 때 취재 윤리를 지키지 않으면 안 된다는 정도의 의식은 생겼다. 하지만 어떻게 지킬 것인가에 대해선 나아진 게 거의 없다.

2018년 12월 강원도 강릉의 한 펜션에서 고등학교 3학년 학생들이 일산화탄소에 질식해 숨지는 사건이 발생했다. 여러 언론사 기자들이 사고 현장과 피해 학생들이 다닌 학교로 취재를 나섰다. 생존자, 유가족 등에게 무리한 인터뷰 등을 요구해선 안 된다는 공감대는 모두 가지고 있었다. 그러나 이런 상황에서 어떻게 취재를 해야 하는지는 알지 못했다. 언론사 데스크도 마찬가지였다. 무리한 취재를 해서 사회적 물의를 일으키지는 말되 다른 언론사보다 부족하게 취재는 하지 말라는 모호한 지시가 내려왔다. 현장 기자들은 혼란에 빠졌다.

장례식장이나 학교에서 누군가 한 명 나올 때마다 취재진은 서로 눈치를 봤다. 누군가 마이크를 들고 따라 붙는 순간 우르르 모두 달려들었다. 그렇게 2014년 세월호 참사 때와 똑같은 보도참사는 반복됐다. 앞으로 어떤 재난 상황에서도 반복될 일이었다.

세월호 참사 때 보도 참사를 겪은 일부 시민들은 유가족과 피해자에 대한 취재는 해선 안 된다고 말한다. 하지만 누군가는 재난 상황을 취재하고 기록해야만 한다. 그래야 비극이 다시 반복되지 않는다. 기자들에게 가장 힘든 취재가 무엇이냐고 물으면 대부분 장례식장 취재라고 말할 것이다. 가장 큰 슬픔에 싸여 있는 유가족에게 질문하는 것만큼 괴로운 일도 없다. 그럼에도 질문을 하는 건 그 사건을 기록하고 문제점을 찾아내야 하기 때문이다.

유가족과 생존자 중 누군가는 말하고 싶어 한다. 잃어버린 내 가족이 얼마나 좋은 사람이었는지, 얼마나 보고 싶은지 말해야만 버틸 수 있는 사람도 있다. 피해자 중 누군가는 평소에도 사고 현장에 구조적인 문제가 있었다는 등 겪어본 사람만 아는 부조리를 설명해주기도 한다.

말하고 싶지 않은 사람들도 있다. 취재를 거부했을 때, 때론 욕설과 울부짖음을 들어도 정중히 사과드리고 다시 취재를 요청하지 않는다면 이를 두고 취재 윤리에 어긋났다고 손가락질 할 사람은 없다. 보도 참사는 이들에게 사연을 맡겨놓은 것처럼 마이크를 들이밀 때 발생했다.

언론사 데스크가 피해자의 사연을 구해오길 원하는 이유는 그만큼 사연의 파급력이 크기 때문이다. 사연 하나로 피해자에게 성금이 모이기도 하고 정부가 나서서 제도를 고치는 등 변화를 만드는 것은 사건보다 사연이었다. 이를 경험한 데스크는 과거처럼 취재해서 사연을 당연히 가져올 것이라고 기대한다. 그래서 현장 기자를 재촉한다. 재난 상황 속에 있는 현장 기자가 마감 시간과 데스크의 사연 요구에 쫓기다보면 취재 윤리는 뒷전으로 가고 사연을 찾아 달리는 경주마가 된다.

세월호 참사 이후 재정비한 재난보도 준칙에는 언론사가 기자들을 대상으로 재난 보도에 대한 교육을 정기적으로 실시해야 하고 전담 기자를 두는 등의 의무가 적혀있다. 하지만 거의 모든 언론사가 이를 지키지 않고 있다. 정기적으로 재난 보도에 관한 취재 윤리를 교육받았다는 기자를 주변에서 거의 본 적이 없다.

게다가 재난 취재 현장에는 대부분 저연차 기자들이 투입된다. 이들은 딜레마 상황에서 취재 윤리와 취재 성과를 저울질할 만큼 심리적으로 여유가 있지 않다. 곤란한 상황일수록 취재 지시를 한 데스크의 목소리만 생각날 뿐이다.

재난 현장은 매우 혼란하고 급박해서 원론적인 취재 윤리를 안다고 해도 어떻게 적용할 것인지 판단이 어려운 경우가 대부분이다. 상황에 맞는 그 현장만의 취재 윤리가 생기고 이를 여러 언론사의 취재진이 공유해야 한다. 그렇게 하기 위해선 현장을 지휘할 수 있는 경험 있는 기자가 반드시 그곳에 있어야 한다. 재난 전담 기자라면 가장 좋을 것이다. 데스크가 사연 취재를 재촉할 때 "스톱"을 외치고, 취재진이 유가족에게 마이크를 들이 댈 때 "여러분, 잠깐만요"라고 한 마디 할 수 있는 기자를 현장에 보내야 한다.

뉴스 앵커가 시청자에게 직접 양해를 구하는 것도 한 방법이다. "우리 언론사의 기자들은 오늘은 사연 취재를 하지 않았다. 아직 피해자와 유가족이 질문을 받을 만큼 회복하지 못했다고 판단했기 때문이다. 오늘 우리 뉴스가 다소 건조해도 이 점 양해 바란다"고 앵커가 시청자에게 말한다면 이를 이해하지 않을 시청자는 없을 것이다.

재난 현장을 취재하는 기자들에 대한 보호도 부족하다. 비극적인 현장과 장례식장에서 여러 날을 취재하면 정신적인 고통은 이루 말할 수가 없다. 기자도 사람인지라 비극 앞에 선 눈물이 나고 마음이 찢어지는데 감정을 억누르고 이성을 붙잡아 가면서 며칠간 취재를 하고 기사를 쓰면 트라우마가 생긴다. 기자들마다 감수성이 모두 다른데 누군가는 더 힘들어할 수도 있다. 하지만 취재를 마치고 제대로 된 회복을 할 수 있도록 지원하는 언론사는 거의 없다. 기자라면 당연히 강해야 한다고 여긴다.

재난 취재 현장에서 피해자가 기자들에게 험한 말을 하면서 취재를 거부하는 일은 그동안 기자들이 쌓아온 업보 때문이다. 취재를 당하면 도움이 되기는커녕 상처를 받고 피해를 본다는 경험을 시민들에게 심어줬기 때문이다. 재난 보도 현장에서 피해자, 유가족, 억울한 사람 모두가 기자를 먼저 찾도록 하려면 기자들이 그동안 잘못한 시간만큼 취재 윤리를 지키는 모습을 보여주고 신뢰를 회복하려는 노력을 들이는 게 선행돼야만 한다.

49

설리, 악플, 그리고 언론의 자살 보도

자살 보도 어떻게 할 것인가

2019년 가장 가슴 아픈 사건 중 하나는 가수 설리씨가 세상을 떠난 일이다. 속보가 떴을 때 머리가 멍 해졌던 순간이 아직도 기억난다. 아마 언론계 종사자로서 죄책감이 들었기 때문일 것이다.

설리씨가 숨지고 나서 언론은 그의 사망 원인을 악플 탓으로 돌렸다. 악플이 유명인에게 어떤 악영향을 끼치는지 분석하는 기사가 여기저기서 나왔다. 악플러들의 반성을 촉구하는 목소리도 많았다.

하지만 언론은 설리씨의 죽음에서 자유롭나. 가장 큰 책임은 사실 악플을 촉발시키고 증폭시킨 언론에 있었다. 설리 씨의 사망을 슬퍼하는 목소리마저도 화제성 보도로 둔갑시키기에 바쁜 언론사도 눈에 보였다.

자살을 다루는 보도는 정말 잘하기 어렵다. 보도로 인해 모방 자살이 발생한다는 것이 실증적으로 입증돼 있기 때문이다. 그렇다고 유명인의 사망을 보도하지 않을 수는 없다. 취재 윤리를 지켜가면서 보도해야 하는 것은 누구나 알지만 구체적인 방법은 참 어렵다.

자살 보도는 그래도 최근 긍정적인 방향으로 꽤 많이 변화했다. 중앙자살예방센터 덕분이다. 이들은 자살 사건이 발생했을 때 기자들에게 경고 이메일을 보낸다. 이메일엔 자살 보도 권고기준에 따라 해선 안 되는 원칙들이 적혀 있다.

예를 들어 기사 제목에 자살이란 표현과 이를 우회적으로 표현하는 '극단적 선택', 방법을 설명하는 '투신' 등을 쓰지 못하게 한다. 우울증 등 어려운 상황을 겪고 있는 사람들은 자살을 뜻하는 표현만으로도 충동적인 행동을 할 가능성이 있기 때문에 최대한 노출되지 않도록 하는 것이다. '사망', '숨지다' 등의 표현만으로도 충분하다고 지적한다.

기사 내용엔 구체적인 자살 방법과 장소, 동기 등을 보도하지 못하도록 하고 있다. 과거엔 유명 연예인이 숨겼을 때 방법이나 도구가 구체적으로 알려졌고 이를 따라하는 사례가 종종 있었다. 최근까지도 이들이 숨지기 전 마지막 행적을 CCTV 영상을 통해 보여주는 보도가 자주 나오고 있다. 굳이 알릴 필요가 없고 부작용이 더 큰 보도 방식이다.

자살 보도를 할 때 '벼랑 끝 선택', '극단적 선택', '마지막 탈출구' 등 어려운 상황의 끝에 내릴 수 있는 결정인 것처럼 기사를 쓰는 경우도 있다. 이 역시 올바르지 못한 표현이다. 어떤 상황도 자살의 합리적인 원인이 될 수는 없다. 이런 표현이 늘어나면 비슷한 상황에 있는 사람들이 비슷한 선택을 해야만 한다는 생각을 쉽게 할 수 있다.

살아있을 때 힘들어 했던 이유를 들면서 자살의 원인을 쉽게 단정하거나 유서의 내용을 함부로 공개해서도 안 된다. 자살을 통해 자신의 목소리를 전달하려는 시도를 미화해서도 안 된다. 누군가에게 하나의 선택지로 고려될 수가 있다.

얼마 전까지도 자살 보도는 흥미를 유발하거나 속보, 특종 경쟁의 수단으로 다뤄졌다. 중앙자살예방센터의 노력 덕

분에 이런 보도는 많이 줄어들었고 기자들 사이에서도 자살
보도에 대한 경각심은 빠르게 높아졌다.

아쉬운 점은 자살보도 권고기준에 해선 안 되는 표현에
대해선 구체적으로 나열이 돼 있지만, 어떻게 기사를 써야하
는지에 대해선 권고 사항이 부족하다는 것이다. 이 때문에 많
은 기자들이 갑작스럽게 황망한 소식을 접했을 때 우왕좌왕
기사를 쓰다가 유가족 등에게 상처를 주는 잘못을 반복한다.
중앙자살예방센터와 한국기자협회가 함께 고민해서 바람직
한 자살 보도는 어떻게 써야 하는지에 대해서도 가이드라인
을 제시해주길 바란다.

50

2차 가해와 성폭력범죄 입증 사이의 딜레마

성폭력범죄 보도 취재 윤리

가장 아슬아슬한 보도 유형을 꼽으라 하면 그 중 하나는 성폭력범죄 사건을 다룰 때다. 성폭력범죄는 피해자에게 깊은 상처를 남기고 보도를 잘못 할 경우 2차 가해를 할 수도 있다. 거꾸로 오보를 낼 경우 가해자로 의심 받은 사람에게 돌이키기 어려운 명예훼손을 가하게 된다. 이 때문에 한 글자라도 허투루 쓸 수 없는 기사가 성폭력범죄 보도다.

성폭력범죄 중 비교적 가해자와 피해자의 구분이 쉬운 경우가 있다. 경찰 등 수사기관의 조사를 통해 범죄 사실이 명백하게 드러난 때다. 이럴 땐 성폭력범죄 보도를 할 때 일반적으로 지켜야 하는 취재 윤리 기준을 따라 기사를 작성하면 된다.

이를테면 피해자의 신상을 알아볼 수 있는 정보를 공개하지 않고, 가해자의 시선에 입각한 용어를 쓰지 않는 것이다. 과거엔 사건에 이름을 붙일 때 피해자를 전면에 내세우는 경우가 많았지만 최근엔 가해자의 이름을 따서 사건명을 붙이는 것처럼 말이다.

가해 행위를 미화하거나 모호하게 표현하는 것도 피해야 한다. '몹쓸 짓', '나쁜 손', '몰카' 등과 같은 표현이 대표적인 경우다. 성폭력범죄를 이렇게 모호하게 쓰면 가해자의 범죄가 가볍게 인식되는 경향이 있다.

범죄 상황을 삽화나 재연 등으로 보여주는 것도 피해야 한다. 피해자에게는 고통을 떠올리게 하고 보는 사람에겐 불필요한 상상을 하도록 유발한다. 많은 언론사의 삽화가 가해자 중심적인 시각으로 성폭력범죄를 그리면서 피해자의 상처를 더 깊게 만든다는 지적을 받고 있다.

문제는 가해자와 피해자 구분이 어려운 경우이다. 피해자가 성폭력범죄를 겪고서 한참 뒤에 기자에게 제보를 하는 경우가 종종 있다. 피해자에게 피해 사실을 듣고 보도를 할 경우 어느 수준까지 밝혀야 하는지를 두고 언론사 내에선 항상 논쟁이 벌어진다. 아무리 피해자가 동의했다고 해도 그 사실을 너무 구체적으로 밝히는 것은 명백한 2차 가해가 되고, 너무 모호하게 표현할 경우 범죄를 입증하기 어렵기 때문이다.

가해자의 반론을 얼마나 실어줘야 하는가도 큰 쟁점이다. 가해자의 해명이 범죄 사실을 부정하기 위한 거짓 변명인 경우 이것을 그대로 기사에 담는 것이 피해자에겐 2차 가해가 된다. 그렇다고 가해자의 반론 없이 성폭력범죄를 폭로할 수는 없다. 수사 기관이 아닌 기자 입장에선 큰 딜레마에 빠지는 순간이다.

성폭력범죄 보도의 경우 특히 0.1%라도 자신의 보도에 의심이 되는 부분이 있다면 그 부분에 대해 납득할 만한 충분한 설명을 듣지 않은 채 기사를 내보내선 안 된다. 성폭력범죄를 폭로하는 보도는 이렇게 모든 증언의 앞뒤 맥락을 따져보고 전문가의 조언을 구하는 등 아슬아슬한 줄타기를 통과해 나온다.

성폭력범죄 보도가 지켜야할 또 다른 기준 중 하나는 피해자다움을 강요해선 안 된다는 것이다. 피해자는 숨어 있거나 우울하거나 불행해야 한다는 선입견을 강화하는 식의 보도, 이런 선입견과 다른 모습이 포착됐을 때 지적하는 식의 보도는 반드시 피해야 한다.

51

"오차범위 내에서 앞서는 후보"라는 말은 없다

줄 세우기식 선거 보도의 문제점

정치의 꽃이 선거인 것처럼 정치부 기사의 꽃도 선거 보도이다. 많은 시민들이 선거 보도에 흥미를 갖는 이유는 누가 이기고 지는지 궁금하기 때문이다. 이 때문에 많은 선거 보도는 경쟁하는 후보들을 경주마처럼 표현한다. 1등이 누구이고, 누가 추격하고, 결국 누가 이겼다는 식의 기사가 대부분이다.

그런데 이렇게 경마식 보도를 하게 되면 왜 이겼는지, 어떤 공약이 핵심이었는지 등은 잘 주목받지 못한다. 시민들에게 중요한 정보인 선거 공약, 정책을 검증하는 기사는 절대적으로 수가 부족하다. 시민들은 어떤 공약이 나오는지 제대로 알지도 못한 채 인물 간 대결 구도만 보다가 선택하게 된다.

2018년에 한 지방선거 후보자에게 "왜 정책 설명은 안 하고 다른 후보 비방만 하냐"고 질문한 적이 있다. 그런데 그 후보자가 "정책 이야기 많이 했는데 기사를 한 번도 안 써주지 않았냐"고 반박한 때가 있었다. 할 말이 없었다. 정책 기사는 재미없고 조회 수가 잘 안 나와서 덜 써왔던 게 사실이기 때문이다.

선거 보도를 보다보면 "오차범위 내에서 A후보가 앞서고 있다"는 표현을 자주 볼 수 있다. 이 문장은 사실 틀린 표현이다. 오차범위 내에 있단 것은 이 범위 내에서는 수치가 틀릴 수 있기 때문에 앞서거나 뒤에 있는 게 통계적으로 의미가 없단 뜻이다. 하지만 언론에선 줄 세우고 싶은 욕망 때문에 "오차범위 내에서 조금 앞섰다"는 틀린 표현을 쓰고 있다. 나 역시 이런 표현이 잘못된 줄도 모르고 썼다. 오차범위 내에 있을 때는 "접전을 벌이고 있다", "우열을 가늠하기 어렵다"는 식으로 쓰는 게 바람직하다.

선거 기간엔 여러 여론조사 기관에서 조사 결과를 발표

한다. 여론조사 결과를 볼 땐 응답률이 얼마나 되는지 주의 깊게 살펴야 한다. 응답률은 보통 10%대인데 즉 10명 중 1명 정도만 여론조사에 참여하고 9명은 거절한단 뜻이다. 그런데 여론조사에 응답하는 10명 중 1명은 선거에 참여하는 정당의 당원인 경우가 많다. 그렇지 않고서야 모르는 번호로 걸려온 여론조사 전화를 받아서 끊지 않고 여러 문항에 답하면서 시간을 쓰는 사람은 거의 없다. 실제로 각 정당에선 당원들에게 선거 기간에 여론조사 전화가 오면 반드시 받아서 당 후보의 지지율을 높여달라는 부탁을 한다. 각 정당이 당원을 얼마나 잘 조직하고 동원하느냐에 따라 여론조사의 결과가 달라질 수 있는 것이다. 이 때문에 여론조사 예측과 실제 투표 결과가 크게 다른 경우가 자주 나타나고 있다.

정당들이 이렇게 여론조사에 공을 들이는 이유는 동조 효과 때문이다. 시민들은 자기도 모르게 다수에 속하고 싶어 하는 심리가 있다. 여론조사 결과가 나오면 언론이 이를 받아쓰는데 선호하는 정당이나 후보가 없던 사람들은 이걸 보고 이기고 있는 쪽에 표를 주는 경향이 있다.

이런 여론조사의 함정 때문에 여론조사를 인용하는 기사를 쓸 땐 질문, 표본 구성, 응답률 등을 표시하고 해설을 덧

붙일 필요가 있지만 대부분 기사가 생략하거나 아주 짧게만 적고 있다. 오로지 누가 몇 퍼센트의 지지율을 얻어서 몇 등을 하고 있는지만 강조한다.

또 하나, 선거 보도를 하면 단골손님처럼 나오는 기사가 지역 민심을 파악하는 르포 기사다. 지역 현장을 직접 가서 시민 인터뷰를 여러 명 한 뒤 종합해서 쓰는 기사다.

그런데 교통과 통신이 발달한 요즘은 이 지역 민심 르포가 아주 형식적이고 불필요하다는 생각이 든다. 과거에 지역 민심을 알기 위해서는 직접 가서 물어보는 수밖에 없었기 때문에 이런 기사가 필요했다. 하지만 이제 직접 가지 않더라도 민심을 알아볼 수 있는 방법은 얼마든지 있다.

게다가 직접 지역에 간다고 해서 여러 사람을 골고루 만나볼 수 있는 것도 아니다. 지방에 내려가면 기자들은 제일 먼저 택시 기사들에게 민심을 물어보고, 그 다음 전통 시장에 도착해서 상인들과 시민들의 이야기를 듣는다. 하지만 지방의 민심이 전통 시장에만 있을 거란 생각은 지극히 서울 중심적인 사고다. 지역에서도 번화가 영화관에서 물어볼 때, 대학가에서 물어볼 때는 전혀 다른 대답이 나온다.

이들에게서 들은 이야기를 있는 그대로 옮겨 쓰는 것도 어렵다. 10명 중 9명이 A후보를 지지하는 발언을 했다고 해서 기사에 같은 비중으로 썼다간 공정성에 문제가 생길 수 있다. 내가 파악한 민심이 정확하지 않을 수 있기 때문에 한쪽 후보에만 유리한 기사를 썼다고 시비가 붙거나 선거관리위원회의 제재를 받을 수 있다. 선거 기간에는 어쩔 수 없이 기계적인 균형을 다소 맞춰줄 필요가 있는 것이다.

아무리 정책 기사가 중요하다고 해도 선거 기간에 누가 이기고 지는지를 궁금해 하는 것은 어쩔 수 없는 본능이다. 이 가운데서 시민들이 꼭 필요한 정책 기사를 읽을 수 있도록 눈에 띄게 가공하고 전달하는 방법을 고민해야 하는 것은 정치부 기자들이 앞으로 해결해야 할 오래된 과제이다.

52

파리와 미얀마를 바라보는 한국 언론의 온도차

국제 뉴스와 서구중심주의

2019년 4월 15일 프랑스 파리에 있는 노트르담 대성당 지붕에서 불이 났다. 마치 영화의 한 장면처럼 불이 번지고 첨탑이 무너질 때 많은 파리 시민들이 안타까워하는 얼굴이 전파를 타고 한국 뉴스에서 보도됐다.

이날 한국 주요 방송 뉴스의 첫머리에는 파리에서 온 이 소식이 도배가 됐다. 한 방송사는 톱뉴스부터 시작해서 15분 넘게 이 사고를 분석했고, 이를 보는 한국 시민들의 반응도 많은 비중을 할애해서 넣었다.

인류의 유명 문화재가 소실된 것은 큰 뉴스지만 그 비중이 적당했는지는 상대적으로 비교해볼 필요가 있다. 과연 중동이나 아프리카에서 주요 문화재가 파괴됐을 때 이정도 비중으로 다뤘을까. 단신으로도 잡히지 않는 경우가 대부분이었다.

프랑스 파리에서 종교적인 문제로 총격전이 벌어져서 시민들이 사망한 사건도 마찬가지로 비교 대상이다. 2021년 미얀마에서는 군부 쿠데타에 저항하는 시민들이 매일 수십 명씩 죽었다. 한국은 5.18 광주 민주화 운동이란 역사적 공통분모가 있는데 한국 언론은 미얀마 시민의 사망을 프랑스 시민보다 덜 비중 있게 다뤘다.

갈수록 세계가 더 연결되고 상호 의존적으로 변하면서 국제 뉴스는 전달 속도가 더 빨라지고 품질도 상당히 높아졌다. 그런데 그 비중을 보면 대부분 서구 사회의 소식이다. 이는 한국 뉴스만의 현상이 아니다. 언론학자들은 "전 세계 TV 뉴스의 국제 리포트가 미국의 CNN 뉴스와 같아지고 있다"고 지적한다. 서구 사회의 시선에서 작성한 기사를 그대로 베껴온 기사가 늘어났단 것이다.

국제 뉴스에서 뉴스 가치를 판단할 때 서구중심주의만큼

경계해야 하는 것이 자국중심주의다. 한국의 언론사가 한국 중심의 시선에서 기사를 쓰는 것은 당연하다. 하지만 자국을 객관적으로 보는 시선을 잃으면 '국뽕' 뉴스가 될 수 있다.

2019년 한국을 뜨겁게 달궜던 '노노재팬 현상'의 배경엔 한국과 일본의 무역 분쟁이 있다. 이때 한국의 관점에서 기사를 쓰는 것은 당연했지만 일부 기사는 지나치게 반일 감정을 부추겼다. 화제성 보도와 애국심 마케팅을 통해 '장사'를 해보려는 의도가 담긴 기사였다.

자국중심주의를 논의할 때 비교 대상으로 자주 등장하는 사례는 영국 공영방송 BBC의 1982년 포클랜드 전쟁 보도다. BBC는 아군과 적군이란 표현을 쓰지 않고 영국군과 아르헨티나군이라고 표현했다. 뉴스의 비중도 영국과 아르헨티나의 입장을 비슷하게 배치했다. 자국의 전쟁 상황조차 객관화해서 보도한 것이다. 영국에선 "BBC는 도대체 어느 편이냐", "공영 방송이 이적 행위를 하고 있다"면서 공영 방송의 역할과 언론의 객관적 태도를 두고 격렬한 논쟁이 벌어졌었다. 당시 BBC는 "우리는 애국심을 팔고 사는 업체가 아니다"는 입장을 밝혔다.

BBC의 입장이 언제, 어떤 상황에서나 정답이 될 수 있는 것은 아니다. 하지만 고민 없이 자국중심 보도를 하고 있는 한국의 언론사들이 짚어보고 넘어가야할 부분인 것은 분명하다.

53

뉴스로 돈을 벌어야만 하는 이유

돈과 뉴스 품질의 관계

뉴스도 사업이다. 돈을 벌기 위해서 뉴스를 만든다는 말이다.
혹자는 뉴스가 어떻게 돈을 보고 일을 할 수 있느냐고 꾸짖
을 것이다. 하지만 돈만 보고 일하는 것과 달리 돈을 벌어야
하는 것은 언론사에 매우 중요한 과제다. 뉴스의 품질이 돈
과 상당히 밀접하게 연관돼 있기 때문이다.

돈이 많아야 능력 있는 기자를 채용하고 좋은 카메라와
컴퓨터를 구매한다. 돈이 없으면 대기업의 광고에 휘둘릴 수
밖에 없다. 대기업이 광고를 끊겠다고 엄포를 놓을 때 돈이
부족하면 비판적인 기사를 쓰기 어려워진다. 돈이 많거나 광
고를 주겠다는 회사가 줄을 서 있다면 한 기업의 광고쯤 포

기할 수도 있다. 정부의 압력에 굴복하지 않으려면 정부광고 따위는 신경 쓰지 않아도 될 정도로 돈을 잘 벌어야만 한다. 전 세계에 특파원을 많이 보낼수록 더 빠르고 정확한 해외 소식을 받아볼 수 있다. 돈과 뉴스 품질의 관계는 말하자면 끝도 없을 정도로 끈끈하다.

최근 한국 뉴스의 품질이 떨어진 원인 중 하나는 수익성이 나빠진 데 있다. 경영 상황이 좋지 못하자 낚시성 기사로 클릭 수를 늘리면서 가장 중요한 가치인 신뢰를 포기하는 현상이 대부분 언론사에서 나타나고 있다.

방송 뉴스는 그나마 사정이 조금 낫다. 방송국도 요즘 유튜브에 광고를 뺏겨서 경영이 어렵지만, 방송국은 드라마나 예능 등으로 돈을 벌면 뉴스에서 발생하는 손해를 메울 수 있다. 하지만 신문사는 오롯이 뉴스만으로 살아남아야 하는 벼랑 끝에 몰려 있다.

언론사가 돈을 버는 방법은 크게 두 가지다. 광고 수익과 구독료다. 유튜브와 똑같다. 거의 모든 미디어는 이렇게 돈을 번다. 사람들이 좋아하는 콘텐츠를 생산해서 구독자를 모은다. 이들을 광고주에게 연결해주거나 이들에게 구독료를 받는다. 그런데 유튜브의 수익은 갈수록 높아지는데 언론사의 수익은 계속 떨어지고 있다. 사람들이 유튜브 콘텐츠를 더 많이 보고 뉴스는 덜 찾아보기 때문이다. 전체 광고 시장의 크기, 사람들이 구독료로 낼 돈의 양은 정해져 있기 때문에 더 품질 높고 재밌는 콘텐츠로 돈은 쏠리게 된다. 언론사는 새롭게 돈을 버는 방식(수익 모델)을 찾거나 사람들을 다시 불러 모을 품질 높은 콘텐츠를 개발하지 않으면 고사하게 될 것이다.

문제는 이런 현상이 오래 됐는데 아직도 새로운 수익 모델이나 성공적인 뉴미디어 콘텐츠를 개발하지 못했단 것이다. 언론사도 노력을 안 한 것은 아니다. 5~6년 전부터 디지털 혁신을 하겠다면서 조직 개편을 하고, 디자이너와 개발자를 여럿 뽑아서 뉴스를 새로운 방식으로 전달하려는 시도를 해왔다. 하지만 아직까지 이렇다 할 모범 사례를 찾지 못했다.

언론 산업의 선진국인 미국으로 눈을 돌려보면 대표적인 성공 사례로 뉴욕타임즈가 거론된다. 뉴욕타임즈는 뉴스의 품질을 더 높이고, 새로운 디지털 콘텐츠도 개발해 구독자를 더 모았다. 구독료만으로도 운영이 가능할 정도의 구독자 규모다. 하지만 이건 영어를 사용하는 언론사로서 전 세계 1등을 하는 뉴욕타임즈이기 때문에 가능한 부분이 있다. 한국의 언론사가 쉽게 따라 하기 어렵단 것이다.

워싱턴포스트 모델도 있다. 워싱턴포스트는 미국 기업 아마존의 창업자 제프 베조스가 인수했다. 워싱턴포스트 기자들은 돈 걱정을 덜고 취재에 집중할 수 있게 됐다. 국내에도 이렇게 자본이 넉넉한 기업이 언론사를 인수하는 경우가 종종 있다. 하지만 워싱턴포스트 정도 전통과 저력이 있는 회사가 아니고선 뉴스 품질을 끌어올리기 어렵다. 생존을 걸고 취재하는 것과 돈 걱정 없이 취재 했을 때 취재의 깊이는 다를 수밖에 없다. 뉴스 품질을 높이기 위해 돈이 필요한 것은 맞지만 돈이 충분하다고 꼭 뉴스 품질이 높아지는 것은 아니다.

그렇다면 어떻게 해야 할 것인가. 전세계에 있는 모든 언론사가 고민하고 있는 부분이다. 언론이 다시 시민들에게서 신뢰를 회복하는 것이 근본적인 처방이라고 생각한다. 언론사가 팔아야 하는 것, 언론사만이 팔 수 있는 것은 신뢰라는 자산이다. 언론사가 가진 신뢰의 값어치를 다시 높이는 것이 재도약할 수 있는 유일한 방법이라고 생각한다. 언론의 신뢰를 높이는 방향에 대해서는 이 책을 마무리하면서 이야기해보고자 한다.

언론이 팔고 있는 신뢰의 값어치

1. 허위정보 속에서 언론은 무엇을 했나

2020년 7월 9일 오후 박원순 당시 서울시장이 실종됐다는 연합뉴스 속보가 떴다. 퇴근길에 택시를 돌려서 서울 성북동으로 달려갔다. 경찰이 자정쯤 박 시장의 시신을 찾기까지 한나절 정도가 걸렸다. 비교적 짧은 시간인데 엄청나게 많은 소문이 돌았다.

택시를 타고 가는 1시간 정도의 짧은 시간 동안 온갖 소문이 계속 들어왔다. 그런데 그 소문들은 믿기 좋게 익명의 취재원이 붙어있었다. 한 변호사는 "내 친구가 오늘 중앙지검 당직 검사인데 이미 성북경찰서에서 시신을 찾았고 그 검사는 부검에 들어가려고 대기하고 있다"고 말해줬다. 또 다른 회사 동료는 "내 아내의 친구가 서울대병원 간호사인데 이미 장례식장에 시신이 도착했다고 하더라"고 전했다. 정말 짧은 시간에 그럴싸한 이야기들이 만들어졌고 30분도 안 돼서 카카오톡 등을 통해 대부분 시민에게 퍼졌다.

이런 패닉 상황에선 언론사 데스크들도 지인의 한 마디에 휘청거렸다. 경찰 취재를 오래한 한 기자가 "아는 경찰이 말해줬는데 박 시장 시신 이미 발견했대요"라고 하자 보도국 내부는 크게 술렁였다.

나중에 사건이 수습되고 나서 확인해보니 이때 돌았던 소문 중에 맞는 건 하나도 없었다. 패닉 상황에서 그럴싸한 이야기를 지어내서 퍼뜨리는 건 인간의 본능이다. 과거에도 있던 현상이다. 그런데 그 양과 흐름이 과거와 비교도 안 되게 커지고 빨라졌다. 지금 언론과 기자가 처한 정보의 환경을 바로 보여주는 날이었다.

그런데 언론은 이날 어떤 역할을 해야만 했고 실제론 어떻게 했을까. 오히려 패닉과 긴장감을 부추기는 역할을 했다. 마치 스릴러 영화를 보는 것 같았다. 방송 뉴스는 수색 장면에 영화적인 효과와 음악을 입혀서 반복적으로 보여줬다. 특보를 편성해서 앵커와 기자가 대화를 나누는데 전달할 사실이 부족하자 추측성 해설을 늘어놓기도 했다.

이날 저녁 방송사별 유튜브 시청자 수는 평소보다 훨씬 많았다. 이런 상황에선 아직 뉴스를 통해 소식을 듣는 게 빠르고 정확할 거라고 시민들이 기대한 것이다. 그런데 실시간 댓글을 보면 뉴스를 봐도 정보가 없고 혼란스럽기는 마찬가지라고 실망하는 내용이 많았다.

수색 상황에서 언론이 확인된 사실과 아직 모르는 점을 좀 더 선명하게 나눠서 알렸으면 어땠을까. '어느 경찰서와 소방서에서 몇 명이 어디 일대를 수색 중이다', '우리가 시민 여러분을 대신해서 수색 현장에서 상황을 시시각각 묻고 있는데 아직 발견하지 못했다', '경찰이 발견했다고 하면 즉시 알려 주겠다', '여기까지가 확인된 사실이고 이와 다른 소문은 거짓이니 믿지 말고 퍼뜨리지도 말라'.

이렇게 정리가 필요한 시점에 시민들에게 아는 건 쉽고 분명하게, 모르는 건 아직 모른다고 밝혀서 신뢰를 줄 필요가 있었다. 이날 시청자들이 바란 것은 신뢰가 주는 안정감이기 때문이다.

이날만이 아니다. 이런 일은 매일매일 벌어지고 있다. 언론은 신뢰를 받고 또 신뢰를 줘야 하는데 새로운 정보 환경에선 그 역할을 못하고 있다.

2. 취재 과정부터 믿을 수가 없다

요즘엔 고기를 사 먹을 때 이력을 따지는 사람들이 늘고 있다. 맛만 좋으면 되는 게 아니라 어디서 길렀고, 어떻게 도축을 했는지 알고 싶어 하는 것이다. 그러면 더 믿고 먹을 수 있기 때문이다.

기사도 비슷하다. 요즘엔 어떻게 취재해서 나온 기사인지 밝히지 못하면 "기레기" 소리를 듣는다. 시민들이 언론을 신뢰하지 않게 된 이유 중 하나는 취재 과정에 있다. 취재 윤리를 지키지 않고 만든 뉴스는 애초에 믿을 수가 없단 것이다.

세월호 참사 이후 언론사들은 취재 윤리가 뉴스 신뢰에 결정적인 영향을 미친다는 것을 절실히 느꼈다. 한국기자협회에서 새 취재 윤리 강령을 만들었고 각 언론사에서도 재난이나 큰 사건·사고를 보도할 때 취재 절차에 신경을 많이 쓴다. 다시 말해 시민들의 눈을 많이 의식한다. 취재 윤리를 잘 지키는 것처럼 보이기 위해서 말이다.

취재 윤리란 말이 참 거창해 보이는데 현장에서 겪어보니 숭고하고 대단한 원칙보다는 구체적이고 사소한 행동 규칙 대부분이다. 취재 윤리는 사건마다 다르게 적용될 수 있고 지난번엔 맞았던 행동이 이번엔 틀릴 수도 있다. 앞서 이야기한 것처럼 재난 취재 상황, 자살 사건을 전할 때, 취재원 집 앞에서 뻗치기를 할 때마다 어떻게 취재해야 바람직한지 짧은 순간에 결정을 내리기가 어렵다. 평소에 고민을 안 해 놓아서 그렇다.

해법은 언론사나 한국기자협회에서 평상시에 기자들과 주기적으로 바람직한 취재 방법과 윤리에 대해 의견을 주고받고 합의된 내용을 공유하는 것이다. 그러나 규모가 큰 언론사에서도 취재 윤리 교육을 주기적으로 했다거나, 큰 사건을 취재한 뒤 피드백을 주고받았다는 것을 들어본 적이 거의 없다.

요즘에도 방송 뉴스에서 강력범죄 현장을 촬영한 블랙박스나 CCTV 영상을 자주 볼 수 있다. 1990년대 방송 뉴스와 달라진 건 모자이크 처리와 음성변조를 했다는 것뿐이다. 하지만 신원을 완벽하게 숨겨주는 모자이크와 음성변조란 없다. 방송사 내부에선 여전히 단독 영상을 입수하고 보도한 기자를 그저 칭찬하고 있다. 그 순간에 시청률이 올랐기 때문이다.

취재 과정과 윤리에 대해 고민하지 않고 이렇게 취재 결과만을 가지고 상벌을 주니 반성의 기록이 쌓이지 않는다. 한 팀에서 운 좋게 취재 윤리에 대한 문제의식을 가진 팀장이 있어서 한동안 잘 지킨다 한들 인사이동으로 기자가 뒤섞이면 다시 제자리이다. 취재 윤리가 전혀 제도로 자리 잡지 않은 탓이다. 이처럼 기사 제작 환경에서 취재 윤리의 수준은 과거나 지금이나 별반 달라진 게 없는데 갈수록 시민들의 눈높이는 높아지고 있어서 언론은 신뢰를 잃고 있다.

3. 투명하지 않은 기사를 읽으면 속았다고 생각한다

유튜브 생태계를 뒤집어 놓았던 뒷광고 논란의 핵심은 신뢰였다. 유튜버가 광고를 하는 것을 문제 삼는 게 아니라 시청자들이 속았다는 데 분개한 것이다.

시민들이 언론에 대해 신뢰를 거둔 이유도 비슷하다. 요즘 시민들은 뉴스라고 해도 100% 믿지 않는다. 뉴스를 공유해서 보여주면서도 "이 기사가 맞다면"이라는 단서를 단다. 다들 뉴스에 몇 번 속아본 경험이 있어서 그렇다. '언론 개혁'이나 '검언 유착' 같은 말은 이렇게 믿기 힘들고 불투명한 기사를 까발려 달라는 요구이기도 하다.

뉴스를 볼 때 정파성이란 필터를 걷어내고 볼 수 있는 건 기자들과 일부 시민들뿐이다. 대부분은 기사에 적힌 의견을 사실이라고 믿었다가 배신당했다고 생각하기 일쑤다. 이렇게 기사를 보면서 헷갈리는 이유는 기사에 시민들이 풀 수 없는 '암호'가 너무 많기 때문이다. '청와대 핵심 관계자'는 누구인지, '알려졌다' '전해졌다'는 어떨 때 쓰는 서술어인지 알고 보는 시민은 거의 없다.

취재가 시작된 배경, 이 기사가 왜 채택 됐는지, 취재 과정에선 어떤 일이 있었는지, 출처와 취재원은 어느 정도 믿을 수 있는지 등이 숨겨져 있으니 기사는 시민들에게 안개처럼 뿌옇게 느껴진다. 시민들은 도대체 어떻게 만들어진지도 모르고 결과물만 던져내는 언론을 보고 뭔가 숨기고 있다고 생각하는 게 당연하다.

미디어 리터러시, 즉 기사를 독해하는 법을 교육하는 게 원론적인 해결책이겠지만 하루아침에 될 일이 아니다. 그보다 먼저 언론사 스스로 기사를 더 투명하고 친절하게 쓰는 노력을 해야 한다. 취재 진행 과정과 해소 못한 과제를 소상히 시민에게 알려야 한다.

이전처럼 지면이나 방송 시간의 제약이 문제가 되지도 않는다. 기사를 쓸 때는 어느 출입처에서 나온 보도자료인지, 제보를 받은 건지, 정보원은 어느 위치에 있는 사람인지, 인용문에 등장한 익명의 인물은 믿을 만한 건지 등에 대해 더 친절히 설명해야만 한다. 마치 식품 포장 뒷면에 원재료와 제조공장, 제조자, 영양정보 등을 적어두는 것처럼 말이다.

한 방송사에서 작성한 <낙태죄 폐지되면 낙태율 올라간다?> 기사에는 본문 아래에 참고자료가 정리돼 있다. 인용한 보고서, 논문, 형법 조문 등의 원문을 직접 볼 수 있도록 링크를 적어 놨다. 인용된 부분의 앞뒤를 살펴볼 수 있어서 기사에 더 신뢰가 가고 맥락 파악에도 도움이 됐다.

이처럼 기사의 신뢰도를 높이기 위한 방법은 얼마든지 있다. 각주를 달아서 부연 설명을 하는 등 기사를 더 투명하게 쓸 수 있는 방법은 얼마든지 있는데 기사의 형식은 오랫동안 그대로다. 신뢰 회복을 위해 새 기사 작성 방법을 고민하고 시도할 필요가 있다.

4. 시민은 갈수록 똑똑해 지는데 기사 품질은 그대로

얼마 전 한 경제지에서 한 포털의 쇼핑몰을 다룬 기사를 봤다. 독점적 플랫폼이 소상공인에게 과도한 수수료를 걷고 있다는 선명한 요지의 기사였다. 다른 플랫폼과의 비교, 익명 소상공인의 설명, 포털 측의 해명 등도 자세히 담겨 있다. 이 분야의 속사정을 잘 알려준 완성도 있는 기사라고 생각했다.

그런데 댓글을 보니 느낀 점이 정반대였다. '기자가 장사도 안 해보고 썼다', '취재를 제대로 안 한 티가 난다'는 꾸지람이 많았다. 소상공인들이 직접 자신의 경험담을 적거나, 수수료, 편의성 등을 비교해서 반박하는 댓글들이 눈에 띄었다.

기사를 다시 봐도 자료 검색, 사례 섭외, 전문가 인터뷰, 업체 반론 등 과거의 기사작성법으로는 들어갈 건 다 들어간 기사였다. 그런데 똑똑해진 시민들이 보기에 이건 겉핥기 수준의 기사였다. 유튜브에는 이보다 더 깊이 파고들거나 직접 생생한 경험을 풀어내는 콘텐츠가 널려있다. 시민들의 눈높이는 갈수록 높아지는데 기사를 더 빨리 많이 쓰는 환경이 되면서 품질은 갈수록 떨어지고 있는 것이다.

5. 언론사 메뉴판 정리가 필요하다

식당에 갔는데 메뉴판에 음식이 너무 많으면 믿음이 안 간다. 제대로 잘 하는 음식이 있긴 한 건지 의심부터 하게 된다. 그래서 백종원 대표는 골목식당에 가서 잘하는 메뉴 몇 개만 남기고 정리를 하라고 하는 것 같다. 재료를 신선하게 관리하는 데 도움이 되고, 잘 하는 것만 집중할 수 있도록 하는 것이다.

요즘 언론사의 메뉴판도 너무 번잡하다. 사실, 재미, 감동, 속보, 영상 등을 다 주겠다고 한다. 심지어 어떤 신문사는 방송 뉴스 리포트를 만들기도 한다. 한식집에서 피자, 파스타도 파는 격이다. 노력은 몇 배가 더 들어가는데 품질은 훨씬 떨어진다.

언론사가 메뉴를 마구잡이로 늘린 건 디지털 혁신 바람이 분 2015년쯤부터. 변화를 시도하는 건 좋은데 한정된 자원으로 이것저것 다 하려다 보니 뭐 하나 제대로 된 게 없다. 시민들은 몇 년 사이에 언론사가 뉴스를 가지고 잡다한 시사 콘텐츠나 만드는 곳이라고 인식하게 됐다.

그 사이 시사와 정보를 소재로 다루는 콘텐츠는 엄청나게 늘어났다. 유튜버들이 과거에는 이미 나온 뉴스를 가지고 해설만 했다면 이젠 직접 현장에서 라이브 중계를 하고 정부 부처의 브리핑에도 들어오겠다고 한다.

앞서 말한 박원순 시장 실종 사건 때 경찰이 시신을 발견한 뒤 새벽에 현장에서 수색 결과를 브리핑했다. 방송과 유튜브를 통해 여기서 주고받은 질문과 대답이 그대로 생중계됐다. 시신의 훼손 여부나 자살 방법 등을 묻는 자살보도 취재 윤리에 어긋나는 질문이 나오면서 시민들로부터 수준 낮은 질문을 하는 기자들이라고 엄청난 질타를 받았다.

그런데 이 부적절한 질문들은 사실 현장에 있던 유튜버들이 던진 것이었다. 이들은 이미 기획, 중계, 질문 등을 하는 콘텐츠 생산자다. 언론사와 재료와 메뉴가 겹친다. 앞으로 이런 상황은 더 광범위하게 나타날 것이다.

정치인이나 연예인, 공공기관 등은 과거엔 보도자료나 언론 인터뷰를 통해 하던 말을 이제는 자기 SNS에 올린다. 예전에는 언론사만 구할 수 있던 이런 뉴스의 재료를 이젠 누구나 찾고 쓸 수 있게 됐다.

재료가 같고 기술이 갈수록 비슷해진다면 언론사는 과감히 메뉴판 정리를 할 필요가 있다. 그동안 여러 시도는 많이 해봤으니 이제 어중간한 것들은 정리하고 잘해야 하고 잘하는 것에 집중해야 한다. 다른 시사 콘텐츠 생산자와는 비교할 수 없는 높은 수준으로 뉴스를 만든다는 새 정체성을 보여줘야 한다. 다시 시민들이 언론에 나오는 뉴스만큼은 믿고 볼 수 있도록 변화해야 한다.

그동안 언론은 먹고살기 힘들다고 요령을 피우면서 가장 중요한 신뢰를 까먹었는데 결과적으로 살림살이도 그다지 나아지지 않았다. 시민들에게 언론사는 어떤 정체성으로 머릿속에 남아야 하는지 다시 고민해야 하는 시점이다.

6. 정파성에 흔들린 언론

감염병이 유행해서 잘못된 정보가 내게 치명적인 영향을 줄 수 있는 2021년 같은 시기는 언론이 다시 빛날 수 있는 기회였다. 사람들이 적은 탐색비용을 들이면서 빠르고 정확한 정보를 얻고자 하기 때문이다.

2020년 개천절에 정부는 코로나19 방역을 위해 정부를 비판하는 집회를 막겠다며 광화문 광장에 차벽을 설치했다. 이게 과잉대응이었는지 아니면 방역을 위해 불가피했는지 논란이 있었는데, 당시 한 방송사는 과거 차벽에 대해 위헌 결정을 했을 때와 합헌 결정이었을 때의 사례를 비교하고 헌법 전문가의 의견을 담아서 보도했다. 그런데 또 다른 방송사는 같은 날 같은 쟁점의 발제가 올라왔는데 편집 회의에서 '킬' 시켰다. 그동안 보도해온 정파성과 맞지 않다는 게 반려의 결정적인 이유였다.

최근 언론사들이 정파성 경쟁으로 승부를 보려는 경향이 갈수록 짙어지고 있다. 누가 더 왼쪽 또는 오른쪽으로 좌표를 찍는지에 따라 시청률, 구독 수, 클릭 수가 확확 쏠렸다. 다양한 언론사가 각자의 정파성을 바탕으로 한 보도로 경쟁하고, 이를 본 시민들이 더 납득할 만한 언론사를 선택한다면 이상적인 언론 환경일 것이다.

그렇지만 어겨선 안 되는 원칙이 있다. 정파성이 사실보다 앞서면 안 된다는 것이다. 그런데 지금은 많은 언론사가 있는 사실을 못 본 척 하거나 축소 혹은 과장하고 있다. 자신의 정파성에 맞는 사실은 과장하고 정파성에 맞지 않는 사실은 무시하거나 왜곡하는 것이다.

이럴 때 중요한 건 시민의 역할이다. 혼란한 상황 속에서 누가 더 정확하게 사실을 전달하는지, 누가 더 합리적 주장을 하는지 시민들이 평가하고 경쟁을 붙여줘야만 한다.

7. 새로운 교육과 평가 지표가 필요하다

현재의 취재 과정과 기사 작성 방식을 반성하고 새로운 시도를 하려면 기자 재교육이 우선 필요하다. 입사해서 눈칫밥으로 일을 배운 뒤 재교육 없이 오랫동안 일하니 발전이 없는 것은 당연하다.

그런데 지금 같은 교육 프로그램이면 곤란하다. 수습기자

시절 한국언론진흥재단에서 교육을 받을 때 여러 번 충격을 받은 적이 있다. 한 언론사 기자 선배가 강사로 와서 교육을 했는데 '후배를 전화로 혼내서 울리고', '후배에게 밤에는 술을 먹이고 새벽엔 경찰서를 돌게 하고', '아파트 지하 주차장에 몰래 들어갔던' 얘기를 영웅담처럼 늘어놓았다.

지금 무엇보다 필요한 것은 좋은 기사에 대한 새 평가 척도를 만들고 시민들에게 제시하는 일이다. 이를테면 기사를 얼마나 투명하고 친절하게 썼는지 평가할 수 있는 항목을 만들어 시민들에게 보여주는 것이다. 취재 과정과 기사 작성 방식을 평가할 수 있는 지표는 얼마든지 만들 수 있다. 각 언론사별로 스스로 평가 지표를 만들고 시민들에게 보여준다면 시민은 이 언론사가 지향하는 좋은 기사는 무엇인지, 어떤 가치에 더 중점을 뒀는지, 그것을 얼마나 지켰는지 확인할 수 있을 것이다.

어떤 특종 기사는 영향력 점수는 아주 높지만 투명성은 최하일 수도 있다. 독자들은 그걸 보고 이 기사가 좋은 기사인지 믿을 만한지 스스로 판단할 수 있을 것이다. 이 경험이 반복되면 시민들은 궁극적으로 어떤 기사가 좋은 기사이고 어느 언론사가 더 믿을 만한지를 학습하게 된다.

8. 정리하며

취재 과정에서 신뢰를 얻기 위해 취재 윤리를 상시 평가하고 교육하는 기구가 언론사 안팎에 모두 있어야 한다. 취재 윤리를 기자 개인의 인성, 경험, 능력에 의존해서 지키려 해선 안 된다. 신뢰 받는 언론이 되기 위해선 지속적으로 고치고 합의하는 취재 윤리를 기자들이 제도로써 공유 해야만 한다.

언론과 기사는 더 투명해져야 한다. 이 정도면 믿을 수밖에 없겠다고 생각할 정도로 시민들에게 더 친절하게 보여줘야 한다. 더 많은 것을 보여주기 위해 새로운 기사 작성법을 도입해야 한다.

언론이 잘 해야 하고 잘 하는 일에 더 집중해야 한다. 새로운 시도를 그만두자는 건 아니다. 기자가 정보, 재미, 속도, 신뢰 등 모든 걸 다 잘 챙기는 멀티플레이어가 돼야 한다는 생각은 버리자. 언론이 잘 하는 일은 다른 플랫폼에서 따라올 수 없을 정도로 잘 하고, 잘 못하는 일은 더 잘하는 플랫폼이 하면 된다.

새 미디어 환경에서 좋은 뉴스가 무엇인지 평가할 지표

를 만들고 시민에게 공개해야 한다. 시민이 기사가 얼마나 투명하고 믿을 만한지 직접 따져보고 그 지표와 경험을 내면화할 수 있도록 언론이 도와야 한다.

저자소개

2016년부터 중앙일보와 JTBC에서 신문과 방송 기자로 일하고 있다. 서울대학교 언론정보학과에서 커뮤니케이션과 저널리즘을 공부했다. 2017년 대한변호사협회에서 우수언론인상, 2019년 민주언론시민연합에서 이달의 좋은보도상 등을 받았다. 2020년 한국언론진흥재단이 언론 신뢰 회복을 위해 조직한 포럼에 분과위원으로 참여했다. 2021년엔 언론재단의 취재고민상담소에서 모더레이터로 활동했다.

기레기를 피하는 53가지 방법 — 찾다·만나다·듣다·쓰다

초판발행   2021년 10월 29일
중판발행   2022년 4월 20일

지은이   송승환
펴낸이   안종만·안상준

편 집   김윤정
기획/마케팅   손준호
제 작   고철민·조영환

펴낸곳   ㈜ **박영사**
             서울특별시 금천구 가산디지털2로 53, 210호
             (가산동, 한라시그마밸리)
             등록 1959. 3. 11. 제300-1959-1호(倫)

전 화   02)733-6771
f a x   02)736-4818
e-mail   pys@pybook.co.kr
homepage   www.pybook.co.kr
ISBN   979-11-303-1342-9   03300

정 가   11,000원